Sagen des Altertums

SAGEN
DES ALTERTUMS

DAS HAUSBUCH DER GRIECHISCHEN SAGEN

NACHERZÄHLT VON EDMUND JACOBY
MIT BILDERN VON KAT MENSCHIK

GERSTENBERG VERLAG

Kat Menschik, geboren 1968, studierte Visuelle Kommunikation in Paris und in Berlin an der Hochschule der Künste. Seit 1999 arbeitet sie als freie Illustratorin, u. a. für die *Frankfurter Allgemeine Zeitung.* Sie illustrierte zahlreiche Bücher. Für das bei Gerstenberg erschienene Hausbuch *Von einem, der auszog, das Fürchten zu lernen* erhielt sie den Troisdorfer Bilderbuchpreis 2007.

Edmund Jacoby, geboren 1948, studierte Philosophie und Geschichte in Tübingen und Paris. Er promovierte in Frankfurt am Main und war Lehrbeauftragter an der Frankfurter Universität, bevor er Verlagslektor und später Verleger wurde. Bei Gerstenberg sind mehrere Bücher von ihm erschienen, u. a. *50 Klassiker Philosophen* und *50 Klassiker Mythen und Sagen des Nordens.*

Bibliografische Information der Deutschen Nationalbibliothek
Die Deutsche Nationalbibliothek verzeichnet diese Publikation in der
Deutschen Nationalbibliografie; detaillierte bibliografische Daten sind
im Internet über *http://dnb.d-nb.de* abrufbar.

Copyright © 2008 Gerstenberg Verlag, Hildesheim
Alle Rechte vorbehalten
Einbandgestaltung und Layout: Kat Menschik
Satz: typocepta, Köln
Druck: Memminger MedienCentrum
Printed in Germany
www.gerstenberg-verlag.de

ISBN 978-3-8369-5183-8

08 09 10 11 12   5 4 3 2 1

INHALT

VORWORT 9

DIE ENTSTEHUNG DER WELT 14
Chaos 15 – Kronos und die Titanen 15 – Die Götter überwinden die Titanen 16

DIE GÖTTER DES OLYMP 19
Zeus und seine Geschwister 20 – Hera, Zeus und ihre Kinder 22 – Aphrodite 22 – Athene 24 – Artemis und Apoll 25 – Hermes 26 – Dionysos 28

PROMETHEUS UND DIE ERSTEN MENSCHEN 29
Prometheus 30 – Die Büchse der Pandora, Prometheus' Bruder Epimetheus und das erste Menschenpaar 30 – Die Zeitalter oder: Prometheus rettet die Menschheit vor der Sintflut 31 – Prometheus bringt den Menschen das Feuer und zieht sich den Zorn der Götter zu 32

PERSEUS 34
Zeus und Danaë, die Mutter des Perseus 35 – Perseus wächst heran 35 – Perseus und die Medusa 36 – Pegasus, Bellerophon und Chimaira 38 – Perseus und Andromeda 40 – Wie sich der Orakelspruch für Perseus' Großvater Akrisios erfüllte 42 – Wie die Abenteuer des Perseus als Sternbilder fortleben 43

HERAKLES 44
Amphitryon und Zeus, der menschliche und der göttliche Vater des Herakles 45 – Herakles' Geburt 46 – Herakles am Scheidewege 48 – Herakles macht sich schuldig und muss zu seiner Sühne zwölf Taten vollbringen 50 – Der Nemeische Löwe 52 – Die Hydra 52 – Die Kerynitische Hirschkuh 53 – Der Erymanthische Eber 54 – Der Stall des Augias 56 – Die Stymphalischen Vögel 57 – Der Kretische Stier 57 – Die Stuten des Diomedes 58 – Der Gürtel der Hippolyte 59 – Das Vieh

des Geryones 60 – Die Äpfel der Hesperiden 62 – Der Raub des Zerberus 62 – Herakles wird zum Sklaven bei Omphale 64 – Herakles bestraft den Trojanerkönig Laomedon und steht den Göttern im Kampf gegen die Giganten bei 65 – Herakles, der Rächer 66 – Herakles' Ende und Erhöhung 67

DIE ARGONAUTEN 70
Jason 71 – Das Goldene Vlies 71 – Die Argo und die Argonauten 72 – Orpheus und Eurydike 74 – Die Argonauten auf Lemnos 75 – Die Argonauten bei den Dolionern 76 – Die Argonauten lassen Herakles zurück und gelangen zu den Bebrykern 77 – Phineus weist den Argonauten den Weg 78 – Die Symplegaden geben den Argonauten den Weg nach Kolchis frei 79 – Jason verlangt von Aiëtes das Goldene Vlies 81 – Medea hilft Jason, das Goldene Vlies zu erlangen 82 – Die Argonauten fliehen aus Kolchis 84 – Medea verhilft Jason zu großer Macht 84 – Jason verlässt Medea, und die rächt sich bitter 85

THESEUS 86
Wie Theseus auf die Welt kam 87 – Theseus auf dem Weg nach Athen 88 – Theseus in Athen 90 – Der Minotauros 92 – Theseus und Ariadne 92 – Dädalus und Ikarus 95 – Ariadne auf Naxos 95 – Theseus' Heimkehr und Königtum 96 – Phädra 97 – Der Kampf der Lapithen und der Zentauren 99 – Theseus' letzte Abenteuer und sein Ende 100

DIE SAGEN UM DIE STADT THEBEN 102
Europa 103 – Kadmos gründet Theben 103 – Die schreckliche Schuld des Ödipus 105 – Ödipus überführt sich selbst 108 – Ödipus' Tod 110 – Der Zug der Sieben gegen Theben 111 – Antigone 114

DER KAMPF UM TROJA 117

Das Urteil des Paris 118 – Der »Raub« der Helena 120 – Die Achäer sammeln sich zum Kriegszug gegen Troja 121 – Iphigenie in Aulis 124 – Die Griechen vor Troja 125 – Die Griechen ohne Achill 126 – Hektor und Andromache 128 – Der Tod des Patroklos 129 – Der wütende Achill und Hektors Tod 131 – Achill und Penthesilea 132 – Achills Tod 133 – Das hölzerne Pferd 135 – Der Untergang Trojas 136 – Äneas 139 – Das Schicksal der griechischen Helden nach dem Fall Trojas 140 – Der Fluch der Atriden und Agamemnons Ende 141 – Orests Schuld 142 – Orest und Iphigenie in Tauris 144

DIE HEIMKEHR DES ODYSSEUS 146

Odysseus sehnt sich nach seiner Heimat 147 – Athene besucht Odysseus' Sohn Telemach 147 – Odysseus' Abschied von Kalypso und seine Not im Meer 149 – Nausikaa 151 – Odysseus beginnt, den Phäaken von seinen Abenteuern zu berichten 154 – Niemand 156 – Circe 158 – Odysseus am Eingang zur Unterwelt 162 – Die Sirenen, Skylla und Charybdis 164 – Die Rinder des Helios 165 – Odysseus gelangt endlich nach Ithaka 166 – Odysseus bei dem Schweinehirten Eumaios 168 – Odysseus sieht seinen Sohn Telemach wieder 169 – Odysseus kehrt als Bettler in seinen Palast zurück 170 – Odysseus begegnet Penelope 172 – Odysseus hält Gericht 174 – Penelope erkennt Odysseus 178 – Odysseus' letzter Kampf 180

ANHANG 183

Woher wir von den alten Sagen wissen 183 – Die Namen der Götter und Helden 187 – Namens- und Ortsregister 189

Die Sagen der griechischen Antike sind allgegenwärtig: in unserer alltäglichen Sprache, in der Architektur unserer Städte, in Gemälden und Statuen, im Kino und Theater, in unseren Büchern. Wir sprechen von einer »Odyssee«, wenn wir eine schwierige Reise mit ungewissem Ausgang meinen, und wir sprechen vom »roten Faden«, der durch komplizierte Sachverhalte führt, so wie der rote Wollfaden der Ariadne in der Sage den Theseus zum Ausgang des Labyrinths geleitet. Eine schöne Frau vergleichen wir wie die alten Griechen mit Venus oder Aphrodite, einen schönen Mann aber mit Aphrodites Liebhaber Adonis; ein mächtiger älterer Mann wiederum gibt sich auch heute noch gern »jovial« wie einst der Göttervater Jovis oder Zeus. Die Museen – sie sind nach den Musen benannt, ebenfalls antiken Sagengestalten – hängen voller Gemälde mit Motiven aus den antiken Mythen, und auf unseren öffentlichen Plätzen stehen Statuen, die den klassischen antiken Werken nachgebildet sind, die mythische Szenen darstellen. Die Gebäude der Banken und Versicherungen, die Museen und Theater unserer Städte sind oft nach dem Vorbild der Tempel erbaut, die einst die Griechen für ihre Götter errichteten, und in den Theatern stehen noch heute *Antigone* oder *Medea* auf dem Spielplan – Dramen, in denen die großen Tragödiendichter der griechischen Klassik des 5. und 4. Jahrhunderts v. Chr. die mythischen Stoffe verarbeitet haben. Viele moderne Theaterstücke und Filme sind diesen klassischen Dramen nachgebildet – egal, ob ihre Handlung in der Gegenwart oder im Altertum angesiedelt ist. Und es gibt kaum einen Roman, sei er hochliterarisch oder trivial, Familien- oder Gesellschaftsroman, Krimi oder Politthriller, der nicht bewusst oder unbewusst antiken Vorbildern folgte oder doch wenigstens auf sie anspielte.

Wer also die Sprache, die wir alle sprechen, und die Werke unserer Kunst und Literatur wirklich verstehen will, muss die Mythen oder Sagen des Altertums kennen. Sie sind – neben denen der Bibel – die Geschichten, die in Europa und Amerika jeder halbwegs gebildete Mensch zumindest teilweise kennt.

Im römischen Weltreich galt dies in noch größerem Maße: Der junge Römer oder Grieche, der nichts von seinem Homer verstand, war von der höheren Bildung ausgeschlossen, und deshalb war Mythologie Hauptfach in jeder Schule. Die Sagen der Griechen waren der geistige Kitt, der bis zur Durchsetzung des Christentums das antike Weltreich der Römer mit seiner griechisch geprägten Kultur zusammenhielt, von Deutschland bis Afrika und von Spanien bis Syrien.

Noch weit größer war die Bedeutung des gemeinsamen Mythenerbes natürlich für das klassische Griechenland selbst: Die Mythen, die die Erinnerung an die Geschichte ihrer großen Familien, ihrer Städte und Stämme und die Erinnerung an ihr gemeinsames religiöses Erbe wachhielten, waren es, die den Griechen trotz aller gewaltsamen Konkurrenzkämpfe zwischen Familien und Städten das Gefühl der Zusammengehörigkeit gaben. Nur wer diese gemeinsame Überlieferung kannte, war ein Grieche und kein Barbar.

Wie sehr die alten Griechen damit recht hatten, die Mythen als Überlieferungen aus ihrer ältesten Geschichte zu sehen – dies hat die moderne Altertumswissenschaft eindrucksvoll nachgewiesen, seit Heinrich Schliemann Troja und Mykene und Arthur Evans das minoische Knossos ausgegraben haben. Die Forscher können heute die älteste mythische Überlieferung der Griechen bis auf die Zeit um 2000 v. Chr. zurückverfolgen, in der indoeuropäische Nomadenvölker aus dem Steppengürtel, der sich von der Mongolei bis nach Südosteuropa hinzieht, in den Mittelmeerraum und nach Westeuropa vordrangen und ihre alten Götter mitbrachten, vor allem den Himmelsgott Zeus, der bei den Römern Jovis und bei den Germanen Ziu hieß. Die Götterwelt der Steppennomaden wandelte sich allerdings, als sie sesshaft und Bauern oder seefahrende Händler wurden. Die Fruchtbarkeitsgöttinnen der von ihnen unterworfenen ländlichen Bevölkerung Griechenlands wie Demeter oder Aphrodite wurden in die griechische Götterfamilie aufgenommen, und Poseidon, der alte Pferdegott der Nomaden, wurde hauptamtlich zum Gott des Meeres und der Seefahrer.

Die letzte große kriegerische Einwanderungswelle in das alte Griechenland fand, so wissen die Altertumsforscher, um 1200 v. Chr. statt, und sie zerstörte die alte, nach dem mythischen Ort Mykene benannte mykenische Kultur. Von dieser Kultur kündet die Bedeutung der alten Burgen Mykene, Tiryns und Athen im Mythos, aber auch die Sage vom Labyrinth auf Kreta, das an den verwinkelten alten Palast in Knossos und an den kretischen Stierkult erinnert, und schließlich die Sage vom Kampf um Troja, einer der alten mykenischen Städte, die damals untergingen.

Spätere Mythen bezeugen den Beginn der griechischen Seefahrt und Kolonisation im 8. Jahrhundert v. Chr., den Kontakt der Griechen mit der alten Händlernation der Phönizier – an die die Sage von der phönizischen Prinzessin Europa erinnert – und die Erkundung der Küsten des Mittelmeers und des Schwarzen Meers, die in den Sagen von den Argonauten, von Herakles, Theseus und schließlich Odysseus ihren Niederschlag gefunden hat.

Seit etwa 750 v. Chr. ist die *Ilias* des sagenhaften Dichters Homer weitgehend unverändert überliefert worden – wahrscheinlich durch schriftliche Aufzeichnung. Ungefähr fünfzig Jahre später entstand die – von den Alten ebenfalls dem Homer zugeschriebene – Sammlung der Abenteuer des Odysseus in ihrer bis heute gültigen Gestalt, und, um dieselbe Zeit, die *Theogonie* des Hesiod, eines frühen Gelehrten, der die alten Geschichten von der Entstehung der Welt und der Götter zusammenfasste.

Viele griechische Gedichte der folgenden hundertfünfzig Jahre handeln von Abenteuern der Götter und der alten Helden und setzen die Kenntnis der Texte Homers und Hesiods voraus. Im 5. und 4. Jahrhundert v. Chr. schließlich benutzten die großen Tragödiendichter einzelne Episoden aus den Mythen, um daraus politisch-moralische Lehrstoffe zu machen, während Vasenmaler und Bildhauer die wichtigsten Szenen der mythologischen Dramen im Bild festhielten.

Seit dem 4. Jahrhundert machten sich Gelehrte im ägyptischen Alexandria und in anderen antiken Zentren der Gelehrsamkeit daran, die Überlieferung der alten Sagen in Bibliotheken zu sammeln und zu kommentieren.

Ihnen folgten im 17., 18., 19. und 20. Jahrhundert Wissenschaftler aus allen europäischen Nationen und aus den USA. Sie erforschten die Kultur des alten Griechenland und damit auch die Mythen. Sie taten dies im Wettstreit miteinander als Briten, Amerikaner, Franzosen, Italiener oder Deutsche, aber immer im Bewusstsein, die gemeinsamen Wurzeln ihrer westlichen Kultur freizulegen. Ihnen ist es nicht zuletzt zu verdanken, dass die Völker des Westens trotz aller Feindseligkeiten und Kriege ein Gefühl der Zusammengehörigkeit bewahrt haben – ähnlich wie die verfeindeten Städte Griechenlands vor der Zeit der römischen Herrschaft und danach die unterschiedlichen Regionen des Römischen Reichs.

Im 19. Jahrhundert entstanden in allen europäischen Ländern Nacherzählungen der alten Mythen »für die Jugend«. In Deutschland fanden vor allem Gustav Schwabs *Sagen des klassischen Altertums* weite Verbreitung. Sie werden bis heute – meist in bearbeiteter und verkürzter Form – immer wieder aufgelegt. Gustav Schwab war ein großartiger Erzähler, doch dem Geist seiner Zeit entsprechend betonte er etwas einseitig den kriegerischen Geist und die hohe Moral der antiken Heroen und versuchte sie so zu Vorbildern für neue Generationen tapferer Krieger und gerechter Staatsdiener zu machen. Aus diesem Grunde milderte er manche abstoßende Grausamkeit seiner Helden ab; vor allem aber meinte er, ihren erotischen Abenteuern nicht viel Raum geben zu dürfen.

Heute gibt es keinen Grund mehr, die alten Götter- und Heldengeschichten im selben Maße zu glätten. Die hier vorgelegten Nacherzählungen unterwerfen die mythischen Gestalten deshalb keiner neuzeitlichen Moral und machen sie nicht zu idealen Persönlichkeiten, die stets nach denselben Grundsätzen handeln.

Denn die Sagen der Griechen handeln von Menschen – menschlich sind in ihnen auch die Götter –, die so widersprüchlich sind, wie Menschen es nun einmal sind: liebevoll und brutal, großzügig und gierig, mutig und verzagt und allemal neugierig. Die uralten Sagen erzählen die Geschichten, die Menschen noch immer interessiert haben, weil sie sich selbst in ihnen wiederfinden.

So empfehlen sich die Sagen der Griechen nicht allein wegen ihrer Bedeutung für die Allgemeinbildung, sondern auch als spannende Lektüre.

DIE ENTSTEHUNG DER WELT

Fast alle Völker kennen Mythen von der Entstehung oder Erschaffung der Welt. Für die alten Griechen bezeichnend ist, dass sie die Entstehung der Welt mit der Errichtung einer Ordnung gleichsetzten. Für diese Ordnung hatten sie ein Wort, das wir noch heute gebrauchen, wenn wir das nach ewigen Gesetzen geordnete Weltall bezeichnen: Kosmos. Das Wort bedeutet so viel wie Ordnung, geordnete Welt, aber auch Schmuck. Denn Ordnung war für die Griechen dasselbe wie das Gute und das Schöne.

CHAOS

Vor aller Zeit war Chaos, das heißt Durcheinander. Es gab kein Vorher und Nachher, kein Hell und Dunkel, kein Oben und Unten – und es gab weder Götter noch Menschen.

Irgendwann aber gebar das Chaos Gaia, das ist die lebensspendende Erde, und Tartaros, die Unterwelt; auch die Nacht ging aus dem Chaos hervor, die alles mit Finsternis umhüllt. Das war schon etwas, aber noch etwas ganz und gar Unvollständiges; denn es gab zwar die Erde und die Welt unter ihr, aber nichts darüber, es gab Finsternis, aber noch kein Licht. Das wurde erst anders, als auch Uranos, der Himmel, entstand und mit ihm Eros, die Macht der Liebe. Eros ließ Himmel und Erde in Liebe zueinander entbrennen, und beide vereinten sich. Da brachte Gaia, die Erde, die ersten lebenden Wesen hervor, die den späteren Göttern und den Menschen ähnlich waren: die Titanen.

KRONOS UND DIE TITANEN

Diese riesenhaften Gestalten waren die Verkörperungen der großen Kräfte der Natur. Zu ihnen gehörten Okeanos, der große Ozean, der die Welt umschließt, und Hyperion, das heißt, der, der über der Erde dahinzieht: die Verkörperung der lebenspendenden Sonne. Zu ihnen gehörten aber auch Rhea, die große Mutter aller Götter, und Kronos, ihr Urvater.

Während die Titanen sich immer mehr die Erde untertan machten, herrschte über sie ihr Vater Uranos, der Himmelsgott. Und er wollte Herrscher bleiben. Deshalb versuchte er, den Schoß seiner Gattin Gaia, der Erde, zu verschließen, damit nicht immer mehr Titanen die junge Erde bevölkerten, die seine Herrschaft in Frage stellen konnten. Gaia war damit aber gar nicht einverstanden und gab ihrem jüngsten Sohn, Kronos, eine Sichel, mit der er seinem Vater Uranos das Geschlechtsteil abschnitt. Uranos konnte nun keine Kinder mehr zeugen, und verstümmelt, wie er war, verlor er auch seine Autorität. So geschah es, dass Kronos mit seinen Geschwistern, den Titanen, gegen Uranos revoltierte und nach einem heftigen Kampf die Herrschaft über die Welt an sich riss.

Von nun an herrschte Kronos wie ein weiser König über die Welt, und die Menschen sollten sich an die Zeit seiner Herrschaft als ein goldenes Zeitalter erinnern.

Klug ließ Kronos seine mächtigen Geschwister an seiner Macht teilhaben. Die gefährlichen Ungeheuer aber, die ihm im Kampf gegen seinen Vater Uranos geholfen hatten und die er selbst aus dem Schoß der Erde befreit hatte, verbannte er so schnell wie möglich wieder in die Unterwelt: schreckliche Gestalten wie die einäugigen Zyklopen und die hundertarmigen Riesen.

Die Welt hatte nun ihre Ordnung. Es gab Oben und Unten: den Himmel, an dem die Sonne ihre Bahn zog, die Erde mit Land und Meer und die Unterwelt, in der die gefährlichsten Wesen eingesperrt waren; und es gab Tag und Nacht und Jahreszeiten und damit auch die Zeit.

In der Zeit aber bleibt nichts, wie es war; Jahr folgt auf Jahr, und was jung war, wird alt, Generation folgt auf Generation. Und so kam es, dass auch die Tage der Herrschaft des Kronos und seiner Titanengeschwister über die Welt gezählt waren.

Kronos wusste darum, doch er versuchte, das ewige Schicksal aufzuhalten, indem er die Kinder, die seine Frau Rhea ihm gebar, gleich nach ihrer Geburt verschlang, denn jedes von ihnen konnte ihm seinen Thron rauben. Doch wie vor ihr schon ihre Mutter Gaia, sann auch Rhea auf ein Mittel, ihre Kinder am Leben zu erhalten. Und als sie ihren jüngsten Sohn, Zeus, gebar, wickelte sie statt seiner einen Stein in Windeln. Kronos verschlang den Stein, Zeus aber blieb lebendig und wuchs heran. Als er alt genug war, verdingte er sich bei seinem Vater als Mundschenk. Und als Mundschenk hatte er eines Tages die Gelegenheit, dem Göttertrank des Kronos ein Brechmittel beizumischen.

DIE GÖTTER ÜBERWINDEN DIE TITANEN

So kam es, dass Kronos eines nach dem anderen Zeus' Geschwister herauswürgte. Und die Kronoskinder – die Götter – zögerten nicht, ihren grausamen Vater und seine Titanengeschwister herauszufordern.

So kam es zu dem schrecklichen und lange andauernden Kampf zwischen Göttern und Titanen, von dem die alten Dichter viele Einzelheiten zu berichten wissen. Der Kampf war so gewaltig, dass die Welt in das Chaos des Uranfangs zurückzufallen drohte. Doch schließlich besiegten die Götter unter der Führung des blitzeschleudernden Zeus ihren Vater und seine Brüder und verbannten die Gefährlichsten unter ihnen in die Unterwelt. Einige der Titaninnen allerdings wurden zu Geliebten der ersten Götter und zu Müttern einer nächsten Generation von Göttern.

In der Unterwelt herrschte von nun an Zeus' finsterer Bruder Hades. Über die Meere gebot ein anderer Bruder des Zeus, Poseidon, am Himmel zog jetzt Helios als Sonnengott seine Bahn, und die fruchtbaren Felder der Erde waren Demeter, der Schwester des Zeus, des Poseidon und des Hades untertan.

Hoch über der Erde, auf dem Gipfel des hohen Olymp, herrschte Zeus mit seiner Schwester und Gemahlin Hera. Hier hielt er Hof, und hier versammelten sich die Götter zu prächtigen Gelagen und hielten Rat darüber, wie die Ordnung der Welt aufrechtzuerhalten sei.

Die unsterblichen Götter wussten, dass ihre Herrschaft nicht für ewig gesichert war, und waren auf der Hut vor den Mächten des Chaos. Zu Recht, denn schon bald nach ihrem Sieg über die Titanen hatten sie sich der Giganten zu erwehren. Diese Riesen waren Kinder der Erdmutter Gaia, die sie von dem Blut aus der Wunde ihres entmannten Gatten Uranos empfangen hatte. Die Giganten waren also so etwas wie die Geschwister der Titanen und ebenso gewaltig wie diese. Sie türmten Berge aufeinander, um zum Olymp vorzudringen, und warfen riesige Felsbrocken gegen den Himmel, um ihn zum Einsturz zu bringen. Zeus schleuderte darauf seine Blitze gegen sie, sein Sohn Apoll schoss seine unfehlbaren Pfeile gegen sie ab, und seine Tochter Athene und ihr Onkel Poseidon begruben einige von ihnen unter ganzen Inseln. Und doch standen die Giganten schon kurz davor, die Götterburg zu erobern, als ein Sterblicher in den Kampf eingriff, der Zeussohn Herakles, von dem noch manches zu berichten sein wird. Er war es, der die Schlacht zugunsten der Götter entschied.

Die Giganten wurden zu den Titanen in den Tartaros verbannt, doch damit waren die Mächte des Chaos noch nicht ein für alle Mal gebannt. Gaia, die Erde, die Urmutter aller lebenden Wesen, war den Göttern, die ihren Kindern so übel mitgespielt hatten, keineswegs günstig gesonnen. So zeugte sie mit Tartaros, der Verkörperung der düstersten Unterwelt, das schrecklichste aller Wesen, die jemals das Licht der Welt erblickt haben: den hundertköpfigen Typhon. Und Typhon erhielt von seiner Mutter die Aufgabe, die Götter zu beseitigen und selbst die Herrschaft über die Welt zu ergreifen. Zeus aber besiegte Typhon mit seinen Blitzen und verbannte auch ihn in den Tartaros; allerdings konnte er nicht verhindern, dass von dem durch die vielen Blitzeinschläge rauchenden Leichnam des Typhon schlechte Winde ausgingen, die das Leben auf der Erde immer wieder schwer machten. Auch hatte Zeus nichts daran ändern können, dass Typhon mit der Unterweltschlange Echidna eine Reihe von Wesen zeugte, die Götter wie Menschen bedrohten, darunter den Nemeischen Löwen und die vielköpfige Schlange Hydra, die Herakles bezwang, den Höllenhund Zerberus und auch die schreckliche Chimaira mit dem Kopf eines Löwen, dem Leib einer Ziege und einem Schlangenschwanz, die der Held Bellerophon dank seines Wunderpferds Pegasus besiegte, schließlich die schreckliche Sphinx, die der tapfere Ödipus dazu brachte, sich selbst zu töten.

Solange die Götter und ihre sterblichen Helfer die finsteren Mächte des Chaos in Schach hielten, war die Welt in Ordnung und schön – ein Kosmos, wie die alten Griechen sagten. Ob aber die Welt zu ihrer eigenen Zeit noch immer geordnet und schön war: darüber waren die alten Griechen recht unterschiedlicher Meinung.

DIE GÖTTER DES OLYMP

Die Griechen kannten nicht nur einen Gott, sondern viele Götter und Göttinnen, die zusammen eine große Familie bildeten, allerdings eine ziemlich kunterbunte Familie, denn der Göttervater Zeus war keineswegs aller Vater, und seine Frau Hera erst recht nicht aller Mutter. Die Mitglieder dieser Familie waren sämtlich starke Einzelpersönlichkeiten, und so kam es unter ihnen nicht selten zum Streit, manchmal aber auch zu Liebschaften. Jede Gottheit verfügte über ganz spezielle Kräfte, und jede hatte ihre eigenen Orte, an denen sie am liebsten wirkte. Deshalb riefen die Sterblichen die Götter jeweils in besonderen Heiligtümern und jeweils bei bestimmten Anliegen an.

ZEUS UND SEINE GESCHWISTER

Zeus, der Donnerer und Blitzeschleuderer, war der oberste der Götter, aber doch nur Erster unter Gleichen, denn seine Geschwister waren in ihrem jeweiligen Herrschaftsbereich ebenso mächtig wie er.

Dies gilt vor allem für Hades, den Gott der Unterwelt. Dieser düstere Gott war der Herrscher über die Toten, die von dem Fährmann Charon über den Styx, den Unterweltsfluss, in sein Reich gerudert werden mussten. Verständige Sterbliche legten ihren Verstorbenen deshalb eine Münze unter die Zunge – als Fährgeld für Charon, das ihnen eine gute Überfahrt in die Totenwelt sichern sollte. Der vielköpfige schlangenschwänzige Unterweltshund Zerberus aber wachte darüber, dass niemand wieder aus der Unterwelt entwich. Nur einer hat den Kerberos je von seiner Pflicht abhalten können: Das war mit seinen betörenden Melodien der Sänger Orpheus, der als Einziger eine Tote wieder ans Licht zu führen vermochte, nämlich seine geliebte Eurydike – und auch dies nur für eine kurze Zeit. Liebe und Schönheit allein, das ist die Bedeutung dieser Sage, können den Tod besiegen, aber niemals für immer.

Vom Kampf um Zeit für das Leben zeugt auch eine andere berühmte Sage: Demeter, die Schwester des Hades wie des Zeus, die Göttin der fruchtbaren Felder, die immer wieder gern am Göttermahl auf dem Olymp teilnahm, hatte eine begehrenswerte Tochter, Persephone. Hades, der Unterweltsgott, aber verliebte sich in seine Nichte Persephone, raubte sie ihrer Mutter, brachte sie in die Unterwelt und machte sie dort zur Königin. Demeter, Persephones Mutter, war empört über den Raub ihrer Tochter und darüber, dass sie ihr weiteres Leben in der finsteren Unterwelt verbringen sollte; und so wandte sie sich an ihren Bruder Zeus mit der Bitte um Hilfe. Um ihrer Bitte Nachdruck zu verleihen, drohte sie damit, den Sterblichen, deren Opfer Zeus nicht missen mochte, das Korn auf dem Halm verdorren zu lassen. Zeus konnte weder seinem Bruder Hades noch seiner Schwester Demeter Befehle erteilen, aber als oberster Richter führte er einen Kompromiss herbei: Während zwei Dritteln des Jahres, der fruchtbaren Periode, sollte Persephone auf der Erde mit ihrer Mutter für die Fruchtbarkeit der Felder sorgen; im letzten Drittel aber, während der unfruchtbaren Zeit, sollte sie mit Hades in der Unterwelt leben.

Während Demeter die Göttin der Felder war, herrschte ihre Schwester Hestia über die Häuser und deren Mittelpunkt, das Herdfeuer. Sie war es, die die Familien am heimischen Herd zusammenführte. Auch die Gemeinden verdankten ihr ihren Zusammenhalt, denn auf dem Marktplatz jeder Stadt wurde ein Hestia geweihtes gemeinsames Herdfeuer unterhalten, von dem jede Familie für ihren Herd Glut entnehmen konnte. Hestia wurde daher von jeder friedlichen Gemeinde verehrt und hatte einen unbestrittenen Platz an der olympischen Göttertafel.

Eine herausragende Rolle unter den Geschwistern des Zeus spielte Poseidon. Er war vor allem der Gott der Meere, dem die Schiffer opferten, damit er ihnen eine gute Fahrt gewährte. Er herrschte über die zahllosen Nymphen des Meeres, von denen am bekanntesten die lieblichen Nereiden waren, die Töchter des uralten, aber Poseidon untertanen Meeresgottes Nereus. Poseidon galt auch als Herrscher der vielen Flussgötter und ihrer Töchter, der Bach- und Quellnymphen. Wenn Poseidon zürnte, entfachte er Stürme und ließ das Meer aufbrausen, sodass die Schiffe zerschellten und die Ufer überflutet wurden. Poseidons Zorn konnte aber auch schreckliche Erdbeben auslösen, deshalb hieß der mächtige Gott auch der Erderschütterer.

Schließlich aber war Poseidon seit ältester Zeit auch der Gott der Pferde, der Pferdezucht und der Kunst, Streitwagen zu lenken. Das berühmteste der griechischen Wagenrennen wurde ihm zu Ehren ausgerichtet; es fand regelmäßig bei der Stadt Korinth am Isthmos statt, der Landenge, die die Halbinsel der Peloponnes mit dem übrigen Griechenland verbindet.

Eine Sonderstellung unter den Geschwistern des Zeus aber hatte Hera inne, denn sie war seine Gemahlin und die Mutter wichtiger Götter, und die Menschen verehrten sie mehr als die meisten anderen Gottheiten. Allerdings musste Hera damit leben, dass Zeus alles andere als ein treuer Ehemann war. Doch sie war mächtig genug, um den größten der Götter ihre Eifersucht fürchten zu lassen, und manche Geliebte ihres Mannes und manches seiner außerehelichen Kinder bekam ihren Zorn zu spüren.

HERA, ZEUS UND IHRE KINDER

Auf dem Olymp herrschten Hera und Zeus, ihr Gemahl, wie die Oberhäupter einer großen Familie. Sie empfingen den Besuch ihrer Geschwister – Poseidon, Hades, Hestia und Demeter. Hera und Zeus waren stolz auf ihre Kinder: auf Ares, den mächtigen Kriegsgott, die bescheidene Hebe, die die Götter an ihrer Tafel anmutig bediente, und die hilfreiche Eileuthyia, die göttliche Hebamme, die den Frauen der Sterblichen bei der Geburt zur Seite stand. Eileuthyia allerdings galt nicht als vollwertiges Mitglied der olympischen Runde, und Hebe sollte später freiwillig auf ihren Platz an der Göttertafel verzichten, zugunsten des Dionysos, des jüngsten unter den großen Göttern. Vielleicht war auch Hephaistos, der göttliche Schmied, ein Sohn von Hera und Zeus, doch in anderen Überlieferungen heißt es, Hera habe ihn allein gezeugt und zur Welt gebracht, weil sie verbittert über ihren Gemahl war, der ihr ein übers andre Mal untreu wurde. Hephaistos kam jedoch als Krüppel zur Welt, und deshalb verscheuchte ihn die Mutter vom Olymp. Er humpelte, aber er war mit seinen Händen geschickt wie kein anderer und wurde so zum besten aller Schmiede und erfindungsreichen Kunsthandwerker. Unter der Erde, im Inneren des Vulkans Ätna auf Sizilien, habe er seine Werkstatt gehabt, glaubten die Römer, die ihn Vulcanus nannten. Dank seiner Fähigkeiten wurde der rußige und hässliche Hephaistos, lange nachdem er vom Olymp vertrieben worden war, endlich zur Tafelrunde der Götter zugelassen und mit seiner wunderschönen Stiefschwester oder Cousine – die Verwandschaftsverhältnisse sind ziemlich unklar – Aphrodite vermählt. Aphrodite war allerdings wenig begeistert von dem ihr zugeteilten Gemahl und vertrieb sich ihre Zeit lieber mit dem attraktiven Krieger Ares und mit manchem Sterblichen.

APHRODITE

Aphrodite, die Göttin der Liebe, galt für manche als Tochter des Zeus und einer schönen Titanin; die meisten der alten Dichter waren aber der Meinung, dass ihre Macht älter sein müsse als die des Zeus. Für sie war die Liebesgöttin bei der Insel Zypern aus dem Meeresschaum geboren worden, der sich gebildet hatte, als Kronos dort das Geschlechtsteil seines Vaters Uranos, das er abgeschnitten hatte, ins Meer warf. Deshalb hieß sie »die Schaumgeborene« und »die von Zypern«. Sie war der

DIE GÖTTER DES OLYMP

APOLL

ARTEMIS

ZEUS UND HERA

ZEUS, DER DONNERER UND BLITZESCHLEUDERER, WAR DER OBERSTE DER GÖTTER, ABER DOCH NUR ERSTER UNTER GLEICHEN, DENN SEINE GESCHWISTER WAREN IN IHREM JEWEILIGEN HERRSCHAFTSBEREICH EBENSO MÄCHTIG WIE ER.

ATHENE

APHRODITE

DIONYSOS

HERMES

HEPHAISTOS

ARES

POSEIDON

HADES

Inbegriff weiblicher Schönheit, und sie war es, die Männer verrückt nach Frauen machte. So galt sie auch als Mutter des Eros – die Römer nannten ihn Amor –, der mit seinen Pfeilen auf das Herz von Göttern und Menschen zielte, um sie zu seinen Sklaven, Sklaven der Liebe, zu machen. Für andere war Eros allerdings älter als alle Götter, denn ohne ihn – ohne die Liebe – wäre die Welt, wären Titanen, Götter und Menschen nie entstanden.

Mit Hilfe des Eros konnte sich Aphrodite jeden gefügig machen, aber sie konnte sich auch selbst leidenschaftlich und unglücklich verlieben, wie in den sprichwörtlich schönen Adonis. Den tötete ihr eifersüchtiger Liebhaber Ares in der Gestalt eines wilden Ebers bei einer Jagd. Der Spross von Aphrodites Liebe zu einem anderen Sterblichen, Anchises, war übrigens der trojanische Held Äneas, auf den dem Mythos zufolge die Gründung der Stadt Rom zurückgeht.

ATHENE

Nachdem Hera aus Trotz gegen ihren Gemahl ohne Zeus' Dazutun den Hephaistos zur Welt gebracht hatte, gedachte Zeus, nun seinerseits trotzig, es ihr nachzutun, und zeugte, so heißt es, aus sich selbst heraus die kluge Athene. Einer anderen Überlieferung zufolge hatte Zeus Athene mit der Titanin Metis gezeugt, war dann allerdings ängstlich geworden, Metis könnte einen Sohn gebären, der ihm die Herrschaft über die Welt streitig machen würde. Daraufhin habe er, wie Kronos seine Kinder, die schwangere Metis verschlungen und so sein Kind im eigenen Leib gehabt. Jedenfalls war Zeus schwanger. Als sein Kind geboren werden sollte, bekam er schreckliche Kopfschmerzen, sodass er Hephaistos bat, ihm mit scharfer Axt den Schädel zu spalten. So geschah es, und aus dem Haupt ihres Vaters entsprang seine Tochter Athene, als fertige kriegerische Göttin mit Helm und Brustpanzer.

Athene war, nach dem, was er um ihretwillen gelitten hatte, natürlich Zeus' Lieblingstochter, und der Göttervater freute sich daran, dass sie ebenso klug und tapfer wurde wie er selbst. Anders als Zeus teilte Athene allerdings ihr Wissen gern mit den Menschen, die sie deshalb oft um Rat anflehten, besonders die Bürger ihrer Stadt, Athen. Ihr Wappentier wurde schon früh die Eule, der klügste unter den Vögeln.

ARTEMIS UND APOLL

Zu den großen Gottheiten des Olymp gehörten auch die Zwillinge Artemis und Apoll, die Zeus mit der Titanin Leto gezeugt hatte. Zeus' Gattin Hera war überhaupt nicht damit einverstanden, dass eine andere mit ihrem Gemahl Kinder haben sollte, und so verhinderte sie, dass Leto in irgendeiner Stadt niederkommen konnte. Verzweifelt wanderte die hochschwangere Titanin von Ort zu Ort, und erst als sie das Felseneiland Delos in der Mitte des Ägäischen Meers erreichte, verlor Hera ihre Fährte, und Leto konnte ihre Kinder gebären. Die kleine Insel sollte deshalb zu einem großen Wallfahrtszentrum werden, zu einem der heiligsten Orte Griechenlands.

Leto war stolz auf ihre Kinder und stolz darauf, sie allen widrigen Umständen zum Trotz zur Welt gebracht zu haben. Da war aber Niobe, die Tochter des übermütigen Zeussohns Tantalos, der, obgleich er bloß ein Sterblicher war, nichts lieber getan hatte, als die Götter zu verspotten, und dafür schwer bestraft worden war. Niobe war ganz die Tochter ihres Vaters und machte sich über den Stolz der Leto lustig: Wegen bloß zweier Kinder mache die Titanin solch ein Aufhebens, was solle sie selbst mit ihren sieben Söhnen und sieben Töchtern da erst sagen!

Leto war tief gekränkt, und dies blieb ihren Kindern, Artemis und Apoll, nicht verborgen. Um ihrer Mutter Genugtuung zu verschaffen, töteten sie, die beide große Bogenschützen waren, mit ihren unfehlbaren Pfeilen alle Söhne und alle Töchter der hoffärtigen Niobe unter den Augen ihrer Mutter.

Artemis blieb ihrem Bogen treu und wurde die große Jägerin unter den Göttern. Sie sammelte die Nymphen, die Gottheiten der Berge, Bäche und Bäume, um sich und durchstreifte mit ihnen die Wälder. Sie blieb Jungfrau, denn Männer interessierten sie nicht, und verlangte von ihren Kameradinnen den Eid, ebenfalls keusch bleiben zu wollen. Gegen männliche Lüsternheit war Artemis allergisch. Dies zeigt nichts besser als die Geschichte von dem Jäger Aktäon, der Artemis und die Nymphen beim Bad in einem Waldteich heimlich beobachtete. Aktäon wurde ertappt, und Artemis verwandelte ihn in einen Hirsch, den sie mit ihren Hunden zu Tode hetzte.

Sogar vor Zeus selbst, ihrem Vater, machte Artemis in ihrer kämpferischen Keuschheit nicht halt. Als sie, wieder bei einem Bad, bemerkte, dass ihre Jagdkameradin Kallisto schwanger war – niemand Geringeres als Zeus aber hatte sie geschwängert –, verwandelte sie ihre vom Keuschheitsgelöbnis abgefallene Kameradin in eine Bärin, und als Bärin oder Bär ist sie bis heute am Nachthimmel, wohin Zeus sie entrückte, zu sehen.

Trotz ihres Rufs als jungfräuliche Göttin verehrten die Menschenfrauen Artemis aber vor allem als Geburtshelferin.

War Artemis die Patronin der Jäger, so galt ihr Zwillingsbruder Apoll als Schirmherr der Künste. Er war ein Ästhet und sorgte dafür, dass er stets für den schönsten der Götter gehalten wurde. Er sammelte um sich die Musen, Gottheiten der Künste und Wissenschaften, und tat sich nicht wenig dafür zugute, dass er der beste Spieler auf der Lyra oder Kithara war – dem von seinem jüngeren Halbbruder Hermes erfundenen Instrument, von dem sowohl die Leier als auch die Zither und die Gitarre abstammen. Auch als Flötenspieler beanspruchte er, der Beste zu sein, und als ein Satyr – das ist eine niedere Naturgottheit – namens Marsyas behauptete, die Flöte besser spielen zu können als der Gott, besiegte ihn Apoll im musikalischen Wettstreit und zog dem armen Satyrn zur Strafe für seine unverschämte Herausforderung bei lebendigem Leibe die Haut ab.

Apoll war keineswegs so prüde wie seine Schwester, vielmehr zog es ihn zu den Schönen unter den Sterblichen. Am berühmtesten wurde seine Leidenschaft zu der ebenso schönen wie spröden Daphne, die sich seinen Nachstellungen immer wieder entzog. Als der Gott versuchte, sie mit Gewalt zu nehmen, flehte die Schöne ihre Mutter Gaia um Hilfe an, und die verwandelte sie in einen Lorbeerbaum. Apolls Sehnsucht blieb also unerfüllt, doch in Erinnerung an seine große Leidenschaft werden seither große Künstler, Sportler und Herrscher – denn Apoll ist ihrer aller Gott – mit Lorbeer bekränzt.

HERMES

Auch Hermes war ein unehelicher Sohn des Zeus; der Obergott hatte ihn mit der schönen Nymphe Maia gezeugt, einer der Pleiaden, die wir heute noch als Sternbild bewundern. Als Hermes geboren war, hielt es ihn schon am ersten Tag nicht lange in seiner Wiege. Er lief aus der Höhle hinaus, in der Maia niedergekommen war, und traf als Erstes auf eine Schildkröte. Bei ihrem Anblick hatte er sogleich eine großartige Idee: Er tötete sie und weidete sie aus, bis nur der Panzer übrig war, und den bespannte er mit Saiten, die er aus dem Darm einer Ziege verfertigt hatte. Damit hatte er die Lyra oder Leier erfunden, das erste Saiteninstrument.

So schnell, wie Hermes schon am ersten Tage seines Lebens wuchs, hatte er bald großen Hunger. Den stillte er, indem er einige Rinder, die am Fuß des Olymp weideten, stahl und zwei von ihnen schlachtete und briet. Die Rinder gehörten aber seinem Halbbruder Apoll. Apoll kam dem kleinen Hermes auf die Schliche, obwohl der sich wieder in seine Wiege gelegt hatte und ganz unschuldig tat. Der große Bruder ließ sich dadurch jedoch nicht beirren, sondern schleifte Klein-Hermes vor Zeus, den Richter der Götter. Der freute sich über seinen schlauen Sprössling, musste dem älteren seiner Söhne aber darin recht geben, dass Hermes ein Dieb war.

Zu seiner Verteidigung führte Hermes an, dass er die zwei Rinder, die er geschlachtet hatte, in zwölf Teile geteilt und jedes dieser Teile einem der Götter des Olymp geopfert habe. In zwölf Teile? Bisher waren die Götter bei ihrer Tafelrunde doch nur zu elf gewesen! Zeus und Hera, Poseidon, der Meeresgott, die Geschwister Artemis und Apoll, Athene, Aphrodite, der Kriegsgott Ares und der Schmied Hephaistos, die Fruchtbarkeitsgöttin Demeter und Hestia, die Göttin des Herdfeuers. – Sich selbst also hatte der schelmische Hermes bereits als zwölften zu den großen Göttern des Olymps gezählt!

Zeus sprach Hermes frei, weil er den Göttern ordentlich geopfert hatte, lachte über seine Schlauheit und nahm ihn gleich in die olympische Runde auf. Und Hermes war klug genug, den beleidigten Apoll zu versöhnen: Er schenkte ihm die Lyra, die er erfunden hatte. Und Apoll, der Künstler, machte den saitenbezogenen Schildkrötenpanzer zu seinem Lieblingsinstrument. Für Zeus war Hermes von nun an sein Lieblingssohn; er vertraute ihm allerlei Botendienste an und heikle diplomatische Missionen. Auch für viele Griechen war Hermes, der verschlagene Diplomat und Dieb, der Lieblingsgott, denn er war wie sie. Und da er der Gott der geschäftig Reisenden war, stellten sie an allen Weggabelungen für ihn ein Standbild auf, eine Herme.

DIONYSOS

Fern von Griechenland, im kleinasiatischen Phrygien, hatte Zeus sich einst mit Semele vergnügt, einer Tochter des dort herrschenden Königs, und Semele war von ihm schwanger geworden. Dies war der eifersüchtigen Hera nicht verborgen geblieben, die sich sogleich zu Semele begab und sie fragte, ob sie eigentlich wisse, wer ihr Liebhaber sei. Wahrheitsgemäß antwortete Semele, das wisse sie nicht, denn Zeus hatte sich ihr immer nur nächtens im Dunklen genähert. Als Zeus sie das nächste Mal besuchte, bat ihn die durch Hera misstrauisch gemachte Semele, er möge sich ihr zeigen, und da offenbarte sich der Gott ihr in seiner ganzen Herrlichkeit. Vor diesem Anblick musste Semele verglühen wie eine Motte im Licht, und eben darauf hatte Hera spekuliert. Hermes aber rettete aus dem Leib der sterbenden Semele ihren ungeborenen Sohn und nähte ihn in einen Schenkel des Zeus ein. So kam es, dass Zeus zum zweiten Mal – nach seiner Schwangerschaft mit Athene – einer Gottheit das Leben schenken sollte. Er gebar aus seinem Schenkel den Dionysos. Hera aber verfolgte ihren ungeliebten Stiefsohn weiter: Sie ließ ihn von Titanen in Stücke reißen – aber seine Großmutter Rhea erbarmte sich seiner und setzte ihn wieder zusammen. Hera schlug seine Pflegeeltern, zu denen Rhea ihn gebracht hatte, mit Wahnsinn – doch Rhea rettete ihn erneut und brachte ihn zu Bergnymphen, die ihn weiter aufzogen. Dort in den Bergen aber erfand Dionysos den Weinbau. Mit den Nymphen, die schon bald seine Jüngerinnen geworden waren, begab er sich nun von Land zu Land und lehrte die Menschen, den Wein zu genießen und sich dem Rausch hinzugeben. Überall gesellten sich die Menschen zu ihm, um seine Botschaft von Rausch und Ausgelassenheit zu verbreiten. Besonders Frauen fühlten sich zu ihm hingezogen: Begeistert von ihrem Gott, nahmen sie sich im Weinrausch die Männer, die sie haben wollten, und zerrissen die, die sich ihnen entgegenstellten. Dionysos selbst fuhr auf seinem von Pantern gezogenen Wagen seiner Gefolgschaft voran, die immer größer wurde. Auf der Insel Naxos holte er Ariadne zu sich auf seinen Wagen, die schöne Tochter des Kreterkönigs Minos, die der Held Theseus einst auf der Insel zurückgelassen hatte, und machte sie zu seiner Geliebten. In einem einzigen Siegeszug eroberte Dionysos die ganze Welt, und am Ende konnten die Götter nicht umhin, dem neuen Gott einen Platz an ihrer Tafelrunde zu gewähren.

Die Griechen kannten verschiedene Geschichten von der Entstehung des Menschengeschlechts und seinem wechselvollen Schicksal – Geschichten, die es in ähnlicher Form auch bei vielen anderen Völkern gibt, etwa in der Bibel oder bei den alten Germanen. Eine ganz besondere Rolle aber spielt in den Überlieferungen der Griechen der menschenfreundliche Titan Prometheus, dem meist die Erschaffung des ersten Menschen zugeschrieben wurde und der die Menschen, so gut er konnte, vor der Missgunst der Götter schützte.

PROMETHEUS

Prometheus war ein Titan, doch in dem großen Kampf der Götter mit den Titanen hatte er sich klugerweise auf die Seite der Götter geschlagen und wurde ihr Freund. Seine beste Freundin war Athene, die Göttin der Weisheit, denn sie hatte in dem klugen Titan ihresgleichen gefunden. Sie war es, die ihm dabei half, dass sein Meisterwerk gelang: die Erschaffung des Menschen.

Prometheus formte den ersten Menschen nach dem Ebenbild der Götter aus Lehm, aber Athene hauchte ihm den Lebensatem ein.

DIE BÜCHSE DER PANDORA, PROMETHEUS' BRUDER EPIMETHEUS UND DAS ERSTE MENSCHENPAAR

Prometheus galt bei den Griechen allgemein als Schöpfer des Menschengeschlechts; manche unter ihnen glaubten aber, dass er nur den ersten Mann geschaffen habe: Deukalion. Zeus jedoch, so heißt es, sei diesem seltsamen Geschöpf gegenüber äußerst misstrauisch gewesen und habe deshalb den großen Kunsthandwerker Hephaistos beauftragt, nach dem Muster des Deukalion eine Frau zu erschaffen, um das Experiment des Prometheus zu beenden. Denn diese Frau sollte alle schlechten Eigenschaften und Gebrechen besitzen, die das Menschengeschlecht zugrunde richten würden. So kam Pandora auf die Welt, eine wunderschöne Frau, die aber eine Büchse bei sich trug, die Krankheit, Hungersnot und Tod, Hass und Missgunst, Verrat und Gewalt enthielt. Und als Pandora ihre Büchse öffnete, stand fest, dass die entstehende Menschheit sterblich und von vielen Gefahren bedroht war. Doch in Pandoras Büchse steckte unter vielen Übeln und Gebrechen auch eine andere sehr menschliche Eigenschaft – die Hoffnung, die darauf beruht, dass die Menschen im Unterschied zu den Göttern die Zukunft nicht kennen. Und die Hoffnung sollte es sein, die es den Menschen möglich machte, trotz aller Katastrophen zu überleben.

Epimetheus, der Bruder des Prometheus, so heißt es in der Sage von Pandora, habe sich in das schöne Göttergeschöpf verliebt und mit ihr Pyrrha gezeugt, die die Gemahlin des von Prometheus geschaffenen ersten Menschen, des Deukalion, wurde. Demnach stammen alle Menschen von Deukalion und Pyrrha ab.

DIE ZEITALTER ODER:
PROMETHEUS RETTET DIE MENSCHHEIT VOR DER SINTFLUT

Wieder einer anderen Überlieferung zufolge gab es Menschen schon in der Zeit, als es noch keine Götter gab und statt ihrer die Titanen unter ihrem König Kronos die Welt beherrschten. Dies sei das goldene Zeitalter gewesen, in dem die Menschen friedlich und ohne Mühe von den Früchten ihrer Felder und von ihren Herden lebten. Danach habe es ein silbernes Zeitalter gegeben, in dem die Menschen bereits mit dem Pflug arbeiten mussten, um überleben zu können. Die Menschen dieses silbernen Zeitalters aber hätten, so heißt es, vergessen, den Göttern die ihnen zukommenden Opfer zu bringen, und seien deshalb von den Olympiern vernichtet worden. Vielleicht war es damals, dass Zeus die Menschheit in einer Sintflut untergehen ließ, aus der nur Deukalion und Pyrrha lebend hervorgingen, weil Prometheus ihnen rechtzeitig geraten hatte, ein Schiff zu bauen, das nach dem Ablaufen der Flut auf dem Berg Parnass sicher landete.

Deukalion und Pyrrha wurde nun von einem Orakel bedeutet, sie sollten die Knochen ihrer Mutter nach hinten über ihre Schultern werfen. Die beiden waren schockiert über dieses Ansinnen, bis sie begriffen, dass ihre Mutter letztlich niemand anderes war als die Erde selbst und ihre Knochen die Steine. Also warfen sie Steine hinter sich, und aus jedem der Steine, die Deukalion warf, wurde ein Mann, und aus jedem Stein, den Pyrrha hinter sich warf, wurde eine Frau. So wurde das Menschengeschlecht binnen Kurzem neu erschaffen.

Dieses neue Menschengeschlecht war das des bronzenen oder ehernen Zeitalters, in dem die Sterblichen sich in dauernden Kriegen gegenseitig vernichteten. Auf das eherne sei, so heißt es weiter, das ebenso kriegerische Zeitalter der großen Sagenhelden gefolgt, die eng mit den Göttern verbunden waren und dadurch das Überleben der Menschheit sichern konnten; das letzte Zeitalter sei aber das gegenwärtige, das eiserne, in dem die Menschen einander noch heftiger bekriegen als je zuvor und so ihren Untergang vorbereiten.

PROMETHEUS BRINGT DEN MENSCHEN DAS FEUER UND ZIEHT SICH DEN ZORN DER GÖTTER ZU

Um die Menschen stand es also noch nie gut, doch Prometheus, ihr Schöpfer, tat, was er konnte, um ihr Überleben zu sichern. Er bewahrte Deukalion und Pyrrha vor der Sintflut, und er stahl – übrigens mit Athenes Hilfe – vom Olymp das von den Göttern sorgsam bewachte Feuer. Er verbarg eine glühende Kohle vom Herd der Götter in einem Schilfrohr und brachte sie zu den Menschen, die damit ihre Feuer entfachten. Nun konnten die Menschen sich wärmen, gute Speisen zubereiten und kunstvolle Waffen und Geräte schmieden.

Die Menschen breiteten sich auf der Erde aus und hätten in Wohlstand leben können, wenn die eifersüchtigen Götter ihnen nicht, gleichsam als Mietzins für das Land, das sie bebauten, immer neue Opfer abverlangt hätten. Und wieder ergriff Prometheus Partei für die Sterblichen. Er überredete Zeus dazu, sich hinfort mit dem besten Teil der Opfertiere zufriedenzugeben. Zeus selbst sollte entscheiden, welches das beste Teil war. Prometheus ließ den Obergott nun wählen zwischen der trockenen Haut eines Rindes, in die er die besten Fleischteile eingewickelt hatte, und fetttriefenden Innereien, unter denen er die Knochen verborgen hatte. Zeus ließ sich nasführen und entschied sich für Fett und Knochen. Von nun an konnten die Menschen das beste Fleisch für sich behalten und brauchten nur die geringen Teile des Schlachtviehs zu opfern.

Als Zeus merkte, dass er auch diesmal einer List des Titanen aufgesessen war, kannte sein Zorn keine Grenzen. Er wollte sich des Menschenfreunds, der ihn stets dumm hatte dastehen lassen, ein für alle Mal entledigen. So ließ er Prometheus von Riesen ergreifen und mit Ketten an den fernen Kaukasus schmieden.

Wehrlos hing der Titan dort an einem Felsen, während ein Adler, den Zeus sandte, Tag für Tag ein Stück seiner Leber fraß, das Nacht für Nacht wieder nachwuchs. So litt Prometheus unsägliche Qualen, Tag für Tag, Jahr für Jahr und über die Jahrhunderte hinweg. Schließlich aber befreite Herakles, der Mensch und Gott zugleich war, mit Zustimmung der Götter Prometheus von seinen Leiden, die er um der Menschen willen auf sich genommen hatte.

Groß waren die Götter, doch es gab auch Sterbliche, die bei den Menschen nicht weniger gerühmt wurden als sie. Das waren die Helden, die die Griechen Heroen nannten.

Neben Herakles und Theseus war Perseus in ältester Zeit der berühmteste unter den griechischen Helden. Vor allem wurde er verehrt und bewundert, weil er eines der mächtigsten Wesen der finstren Unterwelt, die schreckliche Medusa, getötet hatte. Wie Herakles war auch Perseus ein Sohn des Zeus; der mächtigste der Götter hatte ihn mit einer schönen Sterblichen gezeugt, mit Danaë, der Tochter des Königs Akrisios von Argos. Und das trug sich so zu:

ZEUS UND DANAË, DIE MUTTER DES PERSEUS

Als Akrisios, der König von Argos, den Orakelspruch erhielt, dass der Sohn seiner geliebten Tochter Danaë ihn töten werde, ließ er im Hof seines Palastes ein tief in die Erde eingelassenes Zimmer mit ehernen Wänden bauen, in das er seine Tochter zusammen mit einer Dienerin einsperrte. So könne sich niemand ihr nähern, dachte er, und sie werde nie einen Sohn haben, der sein Leben gefährdete. Was er aber nicht wusste, war, dass Zeus selbst sich in seine schöne Tochter verliebt hatte – und vor dem Gott war auch ein Raum mit ehernen Wänden und einer ehernen Decke kein Schutz. Zeus machte sich zunutze, dass das metallene Gemach, in dem Danaë schmachtete, im Dach eine Öffnung hatte, denn die Prinzessin brauchte allemal Luft zum Atmen. Zeus nahm deshalb die Gestalt eines goldenen Regens an, durchdrang die Öffnung und ergoss sich in Danaës Schoß.

Neun Monate später gebar Danaë einen Sohn, Perseus. Als ihr Vater eines Tages zu seinem Entsetzen Kindergeschrei aus dem ehernen Verließ hörte, ließ er es aufbrechen und Danaë, ihr Kind und die Dienerin herausholen. Wütend stellte er die beiden Frauen zur Rede. Die berichteten ihm von dem Besuch des Zeus, doch Akrisios glaubte ihnen kein Wort, sondern bestrafte die Dienerin; Danaë und ihr Kind hätte er am liebsten getötet, doch um keine Blutschuld auf sich zu laden, setzte er seine Tochter und ihren Sohn in einer hölzernen Kiste auf dem Meer aus. Niemals wieder werde er ihnen begegnen, dachte er.

PERSEUS WÄCHST HERAN

Zeus aber sorgte dafür, dass die Kiste sicher den Strand der Insel Seriphos erreichte und dort von einem Fischer namens Diktys gefunden wurde. Der öffnete sie, sah die verzweifelte Mutter und ihren kleinen Sohn und zögerte nicht, beide in sein Haus aufzunehmen. Hier wuchs Perseus zu einem kräftigen und klugen Jüngling heran; seine junge Mutter jedoch war schöner denn je. Das blieb dem König der Insel, Polydektes, dem Bruder des Diktys, nicht verborgen, und Polydektes begehrte Danaë zur Frau. Danaë lehnte seine Werbung ab, und der König wagte es nicht, Danaë mit Gewalt zu nehmen, denn er fürchtete ihren starken Sohn. Deshalb verfiel er auf eine List. Er tat so, als wolle er um eine andere Prinzessin werben, und bat seine adligen

Untertanen, Pferde zu seiner Brautgabe beizusteuern. Polydektes wusste aber, dass Perseus keine Pferde besaß und dass er, um unter die Edlen der Insel gezählt werden zu können, ihm eine andere wertvolle Gabe würde anbieten müssen. Und es kam, wie Polydektes es sich ausgerechnet hatte: Perseus ging zu ihm und bot ihm jeden erdenkbaren Dienst an – selbst das Haupt der schrecklichen Medusa werde er ihm bringen, wenn er es so wolle. Darauf hatte der boshafte König nur gewartet. Sogleich ging er auf das Angebot des Sohns der Danaë ein und bat ihn, ihm das Medusenhaupt zu bringen. So war er gewiss, Perseus loszuwerden, denn allein der Anblick der Medusa, so wusste er, ließ jeden Sterblichen zu Stein erstarren.

PERSEUS UND DIE MEDUSA

Perseus hatte eine schier unlösbare Aufgabe übernommen, denn die Medusa war nur eine von drei scheußlichen Schwestern – den Gorgonen –, und selbst wenn er bei ihrem Anblick nicht versteinerte, würden ihre Schwestern ihn verfolgen und dank ihrer goldenen Flügel schnell ereilen und töten.

Doch er hatte eine mächtige Verbündete: die Göttin Athene, die die Gorgonen, diese Ausgeburten der Unterwelt, seit jeher hasste. Und während Perseus verzweifelt darüber nachsann, wie er auch nur zur Medusa gelangen könne, erschien ihm die mächtige Göttin, machte ihm Mut und erklärte ihm, wie er vorzugehen habe.

Perseus folgte dem Rat der Göttin und fuhr ins ferne Afrika, zu dem Gebirge, auf dem auf Geheiß der Götter der Titan Atlas stand und auf seinen Schultern das Himmelsgewölbe trug. In dieser Gegend wohnten die Graien, das heißt die Grauen, zwei Schwestern der Gorgonen, die ihren Namen daher hatten, dass sie seit ihrer Geburt grauhaarig waren. Alles, was die Graien besaßen, teilten sie sich, auch ihr einziges Auge und ihren einzigen Zahn. Perseus nutzte diese Besonderheit, nachdem er in die Höhle der Graien eingedrungen war: Er ergriff das Auge der Graien, gerade als eine es der anderen reichte. Nun konnte er die grausigen Frauengestalten erpressen, und sie mussten ihm den Weg zu den Gorgonen verraten.

Als Perseus erfahren hatte, was er wissen musste, gab er den Graien ihr Auge zurück und eilte zu den Meeresnymphen, an die die Graien ihn verwiesen hatten. Diese gaben ihm bereitwillig, was er brauchte, um die Medusa zu bezwingen: einen

ledernen Beutel, ein Paar geflügelte Sandalen, dank deren er wie der Götterbote Hermes durch die Lüfte fliegen konnte, und eine Tarnkappe, die ihn unsichtbar machte, sobald er sie überstreifte. Hermes, der die Toten in die Unterwelt zu begleiten pflegte, gab Perseus nun sein Geleit in diese düsteren Gefilde und händigte ihm ein scharfes Schwert aus, das niemand anderes als der Götterschmied Hephaistos gefertigt hatte. Perseus selbst aber hatte seinen glänzend polierten ehernen Schild mitgebracht.

Als er sich der Burg der Gorgonen näherte, die aus den Köpfen der Menschen gebaut war, die beim Anblick der Ungeheuer zu Stein geworden waren, streifte er sich die Tarnkappe über und machte Medusa und ihre Schwestern bald im Spiegel seines Schildes ausfindig. Er vermied es, sie direkt anzublicken, und näherte sich den schlafenden Monstern rückwärts mit dem Blick auf den spiegelnden Schild. Was er dort, wenn auch verzerrt, sah, war schrecklich genug: Zwischen Eberhauern hingen gewaltige Zungen aus den Mäulern der Gorgonen, ihre Haare waren Schlangen, und sie besaßen Hände mit scharfen Klauen aus Messing und Flügel aus Gold. Vorsichtig näherte Perseus sich nun der schlafenden Medusa – und mit einem Schwerthieb trennte er ihr Haupt vom Leib.

Da erhob sich eine Fontäne heißen Bluts aus dem Rumpf der Medusa, und aus diesem Blut erhob sich ein geflügeltes Pferd: Pegasus.

PEGASUS, BELLEROPHON UND CHIMAIRA

Mit Pegasus hatte es folgende Bewandtnis: Medusa war schwanger gewesen, und zwar von niemand Geringerem als dem großen Meeres- und Pferdegott Poseidon. Beider gemeinsamer Sohn, der Wunderhengst Pegasus, war deshalb ebenso ein Ungeheuer wie ein göttliches Wesen, und die Götter hatten mit ihm einen ganz besonderen Plan: Pegasus sollte dabei helfen, das den Göttern verhasste Ungeheuer Chimaira – die auch Chimäre genannt wird – zu töten, eine Schwester des Unterweltshunds Zerberus und der schrecklichen Schlange Hydra, die Herakles in einem schweren Kampf besiegen sollte. Die Chimaira hatte den Leib einer Ziege, den Kopf eines Löwen und eine riesige Schlange als Schwanz und verwüstete die schöne Landschaft Lykien in Kleinasien.

Nach Lykien aber verschlug es wenig später den griechischen Königssohn Bellerophon. Er wurde von dem Lykerkönig Iobates zunächst freundlich bewirtet, doch als Iobates von seinem auf Bellerophon eifersüchtigen griechischen Schwiegersohn einen verleumderischen Brief erhalten hatte, in dem stand, Bellerophon habe seine, Iobates' Tochter, zu vergewaltigen versucht, war der Lykerkönig entschlossen, seinen Gast loszuwerden. Er konnte ihn wegen der Heiligkeit des Gastrechts nicht gleich erschlagen, aber er wusste ein anderes sicheres Mittel, ihn ins Verderben zu schicken: Bellerophon solle, so verlangte Iobates, das Land von der scheußlichen Chimaira befreien.

Um seines guten Rufes willen konnte Bellerophon das Ansinnen nicht abschlagen, aber er fürchtete zu Recht das schreckliche Ungeheuer. In seiner Not rief er Poseidon und Athene um Hilfe an, und die Götter erhörten ihn. Athene schenkte ihm ein goldenes Zaumzeug, und Poseidon schickte ihm den Pegasus, den er dank des Zaumzeugs der Athene einzufangen und zu zähmen vermochte. Und auf dem Rücken des mächtigen geflügelten Pferds überwand Bellerophon in einem kurzen, aber heftigen Kampf die schreckliche Chimaira.

Dieser Sieg stieg Bellerophon allerdings zu Kopfe. Er dünkte sich nun göttergleich, ritt auf Pegasus durch die Lüfte hinauf zum Olymp und verlangte dort Zugang zur Göttertafel. Die Götter aber missbilligten nichts mehr als die Überheblichkeit eines Sterblichen, die die Griechen Hybris nannten. Zornig bewirkten sie, dass Pegasus seinen Reiter abwarf, der zur Erde hinabfiel und fortan ein Krüppel war. Den Pegasus aber ließen die Götter von nun an auf dem Berg Parnass weiden, wo die Musen wohnten, die von Apoll geführten Gottheiten der Künste und Wissenschaften. So kam es, dass Pegasus zum Wappentier der Dichter wurde, von denen es seitdem heißt, sie ritten den Pegasus.

Doch zurück zur Geschichte des Perseus.

PERSEUS UND ANDROMEDA

Als Perseus das Haupt der Medusa abgeschlagen hatte, verstaute er es in seinem Lederbeutel, damit es unsichtbar blieb, und flog mithilfe seiner Flügelschuhe davon. In diesem Augenblick aber wachten Medusas gräuliche Schwestern auf und verfolgten ihn. Allein, sie konnten Perseus nirgends finden, denn er trug seine Tarnkappe, und sie mussten die Verfolgung abbrechen.

Als Perseus wieder zu dem Titanen Atlas gelangte, bei dem seine Reise in die Unterwelt begonnen hatte, trachtete der ihm nach seinem Leben, denn er hasste Zeus, den Götterfürsten, der ihn dazu verdammt hatte, das Himmelsgewölbe zu tragen; und er hasste deshalb auch den Sohn des Gottes, Perseus. Der aber nahm das Haupt der Medusa aus seinem Beutel, wandte seinen Blick ab und zeigte es dem Titanen. Der Titan wurde da auf der Stelle zu Stein – zum Gipfel des Atlasgebirges, das bis heute seinen Namen trägt.

Perseus flog nun mit seiner Beute ostwärts, über Ägypten hinweg nach Äthiopien. Dort erblickte er unter sich am Meeresstrand eine wunderschöne Jungfrau. Sie erschien ihm wie das marmorne Bild der Liebesgöttin selbst, und so beendete er seinen Flug und landete bei der Schönen. Erschrocken nahm er wahr, dass sie mit Ketten an einen Felsen gefesselt war. Als er sie befragte, wie sie in diese schreckliche Lage gelangt sei, sprach sie zu ihm: »Andromeda ist mein Name, und ich bin die Tochter des Kepheus, der in dieser Gegend als König herrscht, und der Kassiopeia. Diese aber, meine Mutter, hat die Töchter des Meeresgottes Nereus, die schönen Nereiden, herausgefordert, indem sie ihnen gegenüber behauptete, dass sie, obgleich eine Sterbliche, weit schöner sei als sie, die göttlichen Meerjungfern. Daraufhin haben sich die Nereiden bei ihrem Vater Nereus beklagt, und der hat ein Meeresungeheuer gesandt, das die Küsten des Reichs meines Vaters verwüstet. Das Volk wurde unruhig, und Kepheus, mein Vater, wusste nicht, wie er die schreckliche Plage abwenden sollte. Schließlich wandte er sich an ein Orakel, und das bedeutete ihm, dass er das Ungeheuer nur beschwichtigen könne, wenn er ihm seine Tochter, mich, Andromeda, opfere.«

Deshalb also stand die schöne Andromeda nun angekettet am Meeresstrand und wartete darauf, von dem Ungeheuer verschlungen zu werden.

Bewegt hatte sich Perseus, der bereits bis über beide Ohren in die schöne Andromeda verliebt war, den Bericht der Prinzessin angehört und eilte nun sofort zu Kepheus, den er um die Hand seiner schönen Tochter bat. Die versprach ihm der König auf der Stelle, und sein Königreich als Erbteil dazu – wenn er nur seine Tochter rette! Voller Kampfesmut eilte Perseus nun zum Strand, wo er gerade noch rechtzeitig anlangte, denn das Ungeheuer näherte sich bereits. Hastig befreite Perseus Andromeda von ihren Ketten und schleuderte aus der Luft große Steine, die ihm Andromeda reichte, gegen die Meeresschlange. Die wand sich im Wasser und ließ es in die Höhe schießen, sodass Perseus' Flügelschuhe bald schon nass und schwer waren und er ins Wasser zu fallen drohte, wo er dem Ungeheuer nichts mehr entgegenzusetzen gehabt hätte. Mit letztem Mut stürzte sich Perseus nun von oben auf das Schlangenwesen und hieb ihm das Haupt ab. Das Blut des Ungeheuers färbte das Meer im weiten Umkreis rot; Perseus aber konnte die zitternde Jungfrau zurück zu ihren Eltern führen.

Kepheus richtete zu Perseus' Ehren ein großes Fest aus – aber das war ein Fehler, denn wie selbstverständlich tauchte dort auch Kepheus' Bruder Phineus auf, und dem war die schöne Andromeda schon seit Langem versprochen. Das hatte Kepheus im Eifer, seine Tochter zu retten, Perseus verschwiegen.

Phineus gab Perseus zu verstehen, dass Andromeda seine Braut sei und dass er, der Fremde, sich besser aus dem Staub machte. Und Phineus war nicht allein, sondern hatte zahlreiche Gefolgsleute mitgebracht. Nur wenige der Äthiopier aber scharten sich um Perseus. Es sollte also zum Kampf kommen, und Kepheus zog es in dieser für ihn hochnotpeinlichen Situation vor, unauffällig den Saal zu verlassen. In dem Moment aber, als Phineus mit seinen Gefolgsleuten gegen Perseus und die ihm verbliebenen Getreuen mit Waffen vorgehen wollte, rief Perseus seinen Äthiopiern zu, sie möchten ihre Augen bedecken, zog das Haupt der Medusa aus seinem Beutel und ließ die Gegner versteinern.

Endlich konnte Perseus nun die geliebte Andromeda als seine Braut in die Arme schließen. Die Hochzeit wurde festlich im Palast des Kepheus begangen, und neun Monate später gebar Andromeda einen Sohn, den sie und Perseus Perses nannten. Manche sagen, Perses sei der Stammvater der Perser gewesen.

Nachdem Perseus ein glückliches Jahr mit Andromeda bei den Äthiopiern verbracht hatte, spürte er, dass er um seiner Mutter willen nach Seriphos zurückkehren musste. Andromeda war entschlossen, mit ihm zu ziehen; den kleinen Perses aber überließen beide der Obhut der Großeltern Kepheus und Kassiopeia.

WIE SICH DER ORAKELSPRUCH FÜR PERSEUS' GROSSVATER AKRISIOS ERFÜLLTE

Als Perseus nach Seriphos zurückkam, erfuhr er, dass König Polydektes seine Abwesenheit genutzt hatte, um seine Mutter Danaë weiter zu bedrängen und ihr Gewalt anzutun. Wütend eilte er in den Palast, wo Polydektes mit seinen Kumpanen tafelte, und tat vor der verblüfften Runde kund, dass er das versprochene Brautgeschenk bei sich habe. Sprach's, nahm das grässliche Haupt aus seinem Beutel, zeigte es Polydektes und seinen Gefährten – und sogleich waren sie alle zu Stein erstarrt.

Damit hatte Perseus sein Versprechen erfüllt und seine Mutter befreit. Das Gorgonenhaupt brauchte er nun nicht mehr, sondern opferte es seiner Beschützerin Athene, die es als Zeichen ihrer Macht nun auf ihren Schild, die schreckliche Ägis, heftete.

Perseus übergab die Herrschaft über Seriphos seinem treuen Pflegevater Diktys und setzte mit Danaë und Andromeda aufs Festland über, in seine eigentliche Heimat Argos. Endlich wollte er Akrisios kennenlernen, seinen königlichen Großvater, dem er nichts nachtrug, denn er war glücklich und wusste, dass Akrisios ihn und seine Mutter Danaë damals nur wegen eines bösen Orakels ausgesetzt hatte.

Akrisios aber hatte von den Heldentaten seines Enkels vernommen, und als ihm berichtet wurde, dass dieser sich geradewegs auf der Reise zu ihm befand, fürchtete er um sein Leben. Deshalb floh er aus Argos in die Stadt Larisa, deren König gerade zu Ehren seines verstorbenen Vaters Festspiele mit sportlichen Wettbewerben ausrichtete.

Perseus reiste seinem Großvater nach, und als er von den Wettkämpfen hörte, meldete er sich sogleich zum Diskuswurf, denn das war seine Lieblingssportart.

Perseus warf den Diskus, ein Windstoß aber brachte diesen vom Kurs ab, und die Wurfscheibe traf Akrisios, der sich unter den Zuschauern befand, tödlich.

So bewahrheitete sich also der schreckliche Orakelspruch, dass Akrisios durch den Sohn seiner Tochter Danaë den Tod erleiden sollte.

Perseus richtete für seinen unglücklichen Großvater eine prächtige Leichenfeier aus. Nun hätte er als König von Argos dessen Erbe antreten können; doch nachdem er den Tod des Akrisios verursacht hatte, scheute er davor zurück. Deshalb tauschte er mit dem König von Tiryns und wurde zum König dieser Stadt. Von Tiryns aus gründete er die mächtige Stadt Mykene, und mit seiner geliebten Andromeda hatte er noch eine Reihe von Kindern, die allesamt berühmt wurden.

WIE DIE ABENTEUER DES PERSEUS ALS STERNBILDER FORTLEBEN

Als Kepheus und Kassiopeia starben, wurde ihr Enkel Perses König der Äthiopier. Poseidon aber, der große Herrscher über alle Meeresgottheiten, versetzte Kassiopeia zusammen mit Kepheus und der von Perseus getöteten Meeresschlange als Sternbilder an den Himmel, um die Erinnerung an die Geschichte, die sie erlebt hatten, für immer lebendig zu halten. Und tatsächlich sind diese Sternbilder bis heute am Himmel zu sehen. Sie tragen auch noch immer die Namen Kepheus und Kassiopeia, nur das Ungeheuer hat inzwischen den harmloseren Namen Walfisch erhalten. Für Kassiopeia hat sich Poseidon übrigens eine kleine Bosheit ausgedacht, als Strafe für ihre Eitelkeit: Während der meisten Monate des Jahres erscheint sie auf dem Rücken liegend, mit den Händen und Füßen nach oben; das sieht dann etwa wie ein W aus.

Später versetzten die Götter auch Perseus und Andromeda neben Kassiopeia, Kepheus und dem Walfisch als Sternbilder an den Himmel. Auch sie sind dort bis heute zu sehen.

Herakles, den die Römer Herkules nannten, war der bedeutendste unter den Heroen. Er war der Sohn des Zeus, des größten der Götter – aber er war zunächst nur ein sterblicher Mensch, weil seine Mutter eine Sterbliche war. Durch seine großen Taten, mit denen er nicht nur die Menschen, sondern auch die Götter von gefährlichen Feinden befreite, wurde er zum Wohltäter der Menschheit und zum Kampfgenossen der Götter. Als einziger menschlicher Held hat er sich dadurch Unsterblichkeit und einen Platz an der Tafel der Götter auf dem Olymp erworben.

AMPHITRYON UND ZEUS, DER MENSCHLICHE UND DER GÖTTLICHE VATER DES HERAKLES

Merkwürdig waren die Umstände, unter denen Herakles zur Welt kam: Da war der edle Amphitryon, ein Enkel des Zeussohns Perseus, und dieser Amphitryon hatte sich in Alkmene, die schöne Tochter des Königs Elektryon von Mykene verliebt. Alkmene erwiderte die Liebe des Amphitryon, doch als dieser bei Elcktryon um seine Tochter warb, stellte Alkmenes Vater eine Bedingung: Amphitryon müsse die Diebe, die sein bestes Vieh davongetrieben hatten, bestrafen, bevor er ihm Alkmene zur Frau geben werde. Amphitryon, von seiner Liebe beflügelt, übermannte die Viehdiebe und kehrte triumphierend mit den Rinderherden nach Mykene zurück. Aber das Unglück wollte es, dass der Keulenwurf des Amphitryon, der einem ungehorsamen Rind galt, schlecht gezielt war und Elektryon tötete. Das war ein Versehen, doch dies war den Verwandten Elektryons gleich, und Amphitryon musste vor ihrer drohenden Blutrache fliehen. In Theben, wo damals Kreon als König herrschte, fand er Asyl. Alkmene, Amphitryons treue Braut, kam mit ihm, verweigerte ihm jedoch die Hochzeit. Denn auch sie stellte eine Bedingung: Bevor Amphitryon sie haben könne, müsse er ihre Familie an den Teleboern rächen, die einst ihre Brüder erschlagen hatten. Amphitryon bat nun Kreon um Waffenhilfe gegen die Teleboer. Und der sagte sie ihm auch zu, doch wiederum nur unter einer Bedingung: Zuvor müsse Amphitryon die Stadt von einem überaus räuberischen Fuchs befreien, der die wunderbare Eigenschaft hatte, nie von einem Verfolger gestellt werden zu können. Amphitryon ließ sich nicht entmutigen, sondern rief aus ganz Griechenland Freunde für die Fuchsjagd zusammen. Und tatsächlich: Einer von ihnen hatte einen Hund, der die wunderbare Eigenschaft besaß, jedes Jagdtier stellen zu können. Ein aufgrund eines Götterspruchs unfangbarer Fuchs und ein aufgrund eines Götterspruchs unfehlbarer Jagdhund – das war ein Widerspruch, den nur Zeus selbst auflösen konnte: Er verwandelte den Fuchs und den Hund in Steine, und Amphitryon hatte somit die ihm von Kreon gestellte Aufgabe erfüllt.

Zeus aber war durch die Affäre um den Fuchs und den Hund auf Amphitryon, vor allem aber auf seine schöne Braut aufmerksam geworden, und das sollte nicht ohne Folgen bleiben.

Als der schreckliche Fuchs in einen Stein verwandelt war, stellte Kreon dem Amphitryon, wie er es versprochen hatte, ein tapferes Heer zur Verfügung, damit er gegen die Teleboer zu Felde ziehen konnte. Amphitryons Feldzug verlief glücklich, und nach wenigen Wochen kehrte er siegreich nach Theben zurück. Endlich konnte er die geliebte Alkmene in seine Arme schließen.

Beide hatten eine wunderbare Hochzeitsnacht, und doch war Amphitryon nicht zufrieden; Alkmene kam ihm müde vor. Wieso auch nicht, entgegnete Alkmene ihm auf seine Vorhaltungen, schließlich habe er auch schon in der Nacht zuvor bei ihr gelegen. Amphitryon war schockiert, denn niemand wusste besser als er, dass er in der vorigen Nacht noch auf dem Weg nach Theben gewesen war. Er verdächtigte deshalb seine Braut der Untreue und befragte gleich am Morgen, ganz unruhig geworden, Teiresias, den berühmten thebanischen Seher. Und der verkündete ihm, dass niemand Geringeres als Zeus vor ihm Alkmene beigewohnt habe. Der Göttervater habe seine, Amphitryons, Gestalt angenommen, um sich der schönen Alkmene nähern zu können. Amphitryon wusste nun, dass Alkmene nur ihn liebte, denn sein göttlicher Nebenbuhler hatte sich als Amphitryon ausgeben müssen, um sich ihr nähern zu können, und war's zufrieden.

HERAKLES' GEBURT

Neun Monate nach dieser doppelten Liebesnacht kam der Tag, an dem Alkmene den Sohn des Zeus gebären sollte. Oben auf dem Olymp unter den Göttern machte Zeus – ganz der stolze werdende Vater – schon Andeutungen: »Heute wird einer auf die Welt kommen, der über viele Länder herrschen wird, denn er stammt von niemand Geringerem als mir selbst ab.«

Das war unvorsichtig, denn Hera, die stets eifersüchtig auf die irdischen Liebschaften ihres göttlichen Gatten war und bekannt dafür, dass sie seine sterblichen Kinder unbarmherzig verfolgte, witterte die Gelegenheit zur Rache. Sie ließ Zeus einen heiligen Eid darauf schwören, dass derjenige seiner Abkömmlinge, der zuerst an diesem Tage geboren werde, einst über alle anderen in diesen Tagen Geborenen herrschen werde. Dann machte sie unter den Frauen, die gerade in den Wehen lagen, Alkmene ausfindig und schickte ihre Freundin Eileuthyia zu ihr. Eileuthyia war gewöhnlich die Göttin, die Frauen bei der Geburt half, aber diesmal hatte sie den Auftrag, die Geburt zu verhindern oder doch wenigstens zu verzögern. Hera wollte nämlich, dass vor dem Sohn Alkmenes ein anderes Kind geboren würde, nämlich das des Sthenelos, dessen Frau ebenfalls kurz vor der Niederkunft stand. Denn Sthenelos stammte über den Zeussohn Perseus ebenso von Zeus selbst ab, und sein Sohn würde wie ein Kind Alkmenes ein Abkömmling des Göttervaters sein. Was die Sache nicht einfacher machte, war der Umstand, dass Sthenelos ein Bruder von Alkmenes Vater Elektryon war und nach dem tragischen Unfall, bei dem Amphitryon Elektryons Tod verursachte, die Herrschaft über die Städte Mykene und Tiryns an sich gerissen hatte, die eigentlich dem Amphitryon nach seiner Hochzeit mit Alkmene hätten zufallen müssen. Wenn Sthenelos nun einen Sohn und Erben hätte, so würde dieser einst über Städte herrschen, deren Könige von Rechts wegen die Kinder Amphitryons und Alkmenes wären ...

Mit gekreuzten Fingern und Beinen wachte Eileuthyia vor der Kammer Alkmenes, denn das war das Zaubermittel, um eine Geburt zu verhindern. Alkmene wand sich vor Schmerzen, und sie wäre gestorben, hätte ihre treue Dienerin nicht den Einfall gehabt, mit dem Ruf »Es ist geboren!« aus der Kammer zu laufen. Da vergaß Eileuthyia vor Verblüffung, ihren Zauber weiter auszuüben, und in diesem Moment gebar Alkmene Zwillinge, zwei Söhne. Aber da hatte Hera schon triumphiert, denn kurz zuvor war die Frau des Sthenelos im fernen Tiryns niedergekommen. Nach dem Versprechen, das Zeus seiner Gattin Hera gegeben hatte, sollte also Eurystheus, wie Sthenelos seinen Sohn nannte, dereinst über Alkmenes Kinder herrschen, auch wenn eines von ihnen ein Sohn des Zeus war.

Alkmene und Amphitryon nannten ihre Zwillinge Alkaios und Iphikles. Noch aber wussten beide nicht, welcher der Kleinen ihr gemeinsamer und welcher der Sohn des Zeus war. Zeus aber wusste es, und in einem ungeschickten Versuch, seine zornige Gattin Hera mit dem Sohn ihrer sterblichen Rivalin zu versöhnen, legte er den kleinen Alkaios an die Brust der schlafenden Hera. Vielleicht erwachte die Göttin dadurch, dass der kleine Alkaios ihr in die Brust biss – jedenfalls riss sie den Säugling so heftig von ihrer Brust, dass ihre Milch ins All spritzte. Daraus sei, so heißt es, die Milchstraße am Sternenhimmel entstanden.

Sei es, um Hera doch noch mit ihrem Stiefsohn zu versöhnen, sei es, dass Alkaios durch einen Namenszauber geschützt werden sollte: Von nun an wurde Alkaios nach seiner göttlichen Stiefmutter genannt – Hera-kles.

Das beeindruckte die Göttermutter jedoch keinesfalls, und sie verfolgte den ungeliebten Sohn ihres Gatten weiter. Dies führte als Erstes dazu, dass Alkmene und Amphitryon doch noch herausfanden, welcher ihrer Söhne kein gewöhnlicher Sterblicher war. Und das kam so: Hera sandte gewaltige Schlangen aus, die den Säugling, ihren verhassten Stiefsohn, töten sollten. Iphikles, auf den es die Schlangen gar nicht abgesehen hatten, schrie vor Angst, doch der kleine Herakles erwürgte in seiner Wiege die schrecklichen Nattern. Da ergriff Alkmene und Amphitryon ein heiliges Staunen, und sie wussten: Herakles war kein gewöhnliches Kind, sondern der Sohn des Zeus.

HERAKLES AM SCHEIDEWEGE

Amphitryon ließ seinem Pflegesohn Herakles die denkbar beste Erziehung angedeihen, im Bogenschießen, im Ringkampf, im Rossebändigen, aber auch im Lesen und Schreiben. Letzteres allerdings forderte die Geduld des ungemein kräftigen Jünglings allzu sehr heraus, und so erschlug Herakles seinen Schreiblehrer. Das hatte er nicht wirklich gewollt, und so kam es auch nicht zu einem Urteil gegen ihn; doch Amphitryon hielt es nun für klüger, den aufbrausenden Ziehsohn als Rinderhirten in der freien Natur einzusetzen.

Das harte Leben auf dem Land machte Herakles noch kräftiger, und schon bald galt er als der stärkste und gewandteste junge Mann im ganzen Umkreis.

Das Leben unter rohen Menschen in der unbarmherzigen Natur war allerdings kein Zuckerschlecken, und so kam es, dass Herakles, als er achtzehn war und selbst über sein weiteres Leben beschließen konnte, die Vision von einer sanften, schönen Frau hatte, die ihm zuflüsterte: »Herakles, du solltest mir auf dem ebenen, einfachen Weg durchs Leben folgen! Du kannst zu Hause auf weichen Betten schlafen, die Gunst der Frauen genießen, jedem Kampf aus dem Weg gehen und am Ende deines Lebens friedlich entschlafen. Folge mir, die man das Glück nennt! Nur meine Feinde nennen mich Müßiggang und Laster.« Danach aber erschien eine andere schöne

Frau vor Herakles, die stolzer und herrischer aussah: »Man nennt mich die Tugend«, sprach sie zu ihm mit tieferer Stimme, »und ich lade dich nicht auf einen bequemen, sondern auf einen steilen, steinigen und mühsamen Lebensweg ein. Wenn du mir folgst, wirst du es nicht leicht haben, aber du wirst viele Abenteuer erleben und am Ende deines Lebens von den Menschen gerühmt werden und das Wohlgefallen der Götter finden.«

Da besann sich Herakles nicht lange, sondern beschloss, den steinigen und mühsamen Lebensweg zu gehen, denn nichts erschien ihm wünschenswerter, als bei den Menschen gerühmt zu werden und bei den Göttern Anerkennung zu finden.

HERAKLES MACHT SICH SCHULDIG UND MUSS ZU SEINER SÜHNE ZWÖLF TATEN VOLLBRINGEN

Herakles bemühte sich von nun an, keiner Herausforderung aus dem Weg zu gehen, sondern ruhmreiche Taten zu vollbringen. Die erste Gelegenheit dazu ergab sich, als ihn ein Freund seines Pflegevaters Amphitryon, der König Thespios, bat, einen Löwen zu töten, der unter seinen Herden wütete. Herakles ließ sich nicht lange bitten und reiste zu Thespios. Um sich Herakles für den Kampf mit der Bestie zu verpflichten, ließ dieser den Helden mit allen seiner fünfzig Töchter schlafen, bevor er ihn auf die Löwenjagd schickte. Tatsächlich gelang es dem jungen Helden, den Löwen zu erlegen, und einige Monate später war er der Vater von fünfzig Söhnen geworden.

Die nächste Herausforderung ließ nicht lange auf sich warten: Der König von Orchomenos hatte Boten ausgesandt, die von Theben Tribut fordern sollten, der Stadt, in der Herakles' Ziehvater Amphitryon bei König Kreon Asyl gefunden hatte. Kreon war schon bereit, den Leuten aus Orchomenos alle Reichtümer Thebens zu opfern, denn er sah keine Möglichkeit, im Kampf gegen sie zu bestehen, da sie bei ihrem letzten Feldzug den Thebanern bereits alle Waffen abgenommen hatten.

Herakles aber war anderer Meinung: Er schnitt den Boten aus Orchomenos die Ohren ab, sandte sie nach Hause und scharte die tapfersten jungen Männer Thebens um sich. Dann ging er in den Tempel Athenes und erbat sich von ihr, die prächtige Rüstung anlegen zu dürfen, die dort als Weihgabe aufgehängt war. Auch die anderen jungen Thebaner fanden in den Heiligtümern rostige, aber benutzbare Waffen.

So traten die Thebaner den Kriegern von Orchomenos entgegen und siegten in einem verlustreichen Kampf. Amphitryon, Herakles' Pflegevater, fand in ihm seinen Tod.

Nach dem siegreichen Krieg gegen Orchomenos war Herakles der Held von Theben, und König Kreon gab ihm sein eigene Tochter Megara zur Frau. Für eine kurze Zeit, während derer ihm Megara zwei Kinder gebar, lebte Herakles glücklich in Theben.

Doch es gab eine, die ihm sein Glück nicht gönnte: seine Namenspatin, die mächtige Hera. Sie schlug den Sohn ihres göttlichen Gemahls eines Tages mit Wahnsinn, und in sinnloser Raserei brachte Herakles seine eigenen Kinder um, die er in seiner Verblendung für gefährliche Feinde hielt.

Nichts aber ist schlimmer als die Ernüchterung nach einer Wahnsinnstat. Verzweifelt floh Herakles aus Theben und begab sich zu König Thespios, dem alten Freund seines Pflegevaters Amphitryon. Der entsühnte ihn von seiner Mordtat, so gut er konnte, schickte ihn dann aber zum Orakel nach Delphi, wo er weitere Anweisungen erhalten sollte.

Und Pythia, die Priesterin des Orakels, gab Herakles die schwierigste aller denkbaren Aufgaben auf: Er solle sich nach Tiryns begeben, wo Eurystheus herrsche, als König über die Länder, die Herakles selbst durch seinen menschlichen Vater Amphitryon von Geburt an zustanden. Herakles, so verlangte das Orakel, solle Eurystheus gehorsam sein und zwölfmal tun, was der ihm auftrage. Wenn er aber tatsächlich alle zwölf Aufgaben – und die verhießen in Anbetracht der Interessen des Eurystheus nicht leicht zu werden – erfülle, werde er unsterblich werden.

Herakles begab sich also schweren Herzens zu Eurystheus, der aber zögerte nicht, sich für seinen ärgsten Feind, den rechtmäßigen Inhaber des Königtums, das er ausübte, möglichst tödliche Aufgaben auszudenken.

Die zwölf Aufgaben, die Eurystheus dem Herakles stellte, aber erfüllte dieser mit großen Taten, die als die zwölf Arbeiten des Herakles berühmt geworden sind.

DER NEMEISCHE LÖWE

Der schlaue Eurystheus verlangte von Herakles als Erstes, dass er den Nemeischen Löwen töten solle. Herakles hatte zwar schon einen Löwen erlegt, aber Eurystheus wusste: Hier handelte es sich nicht um einen gewöhnlichen Löwen, sondern um ein Ungeheuer, das von den grausigen Wesen der Vorzeit abstammte. Herakles stellte das Untier, wurde seiner Zauberkräfte aber gewahr, als seine Pfeile, denen die Götter, als sie mit ihm den Sieg über die Feinde Thebens feierten, Treffsicherheit versprochen hatten, vor dem Löwen wie von einer unsichtbaren Wand abprallten. Auch gelang es Herakles nicht, dem Untier näher zu kommen, denn sobald er in dessen Höhle eindrang, entkam der Löwe durch einen zweiten Ausgang. Als Herakles dessen gewahr wurde, verschloss er diesen zweiten Eingang mit gewaltigen Felsen, drang erneut in die Höhle des Löwen ein und erwürgte das Untier mit bloßen Händen.

Als Herakles mit dem gewaltigen Löwen auf dem Rücken nach Tiryns zu Eurystheus zurückkehrte, bekam es dieser mit der Angst zu tun und verbarg sich in einem großen in die Erde eingelassenen Krug. Des delphischen Orakelspruchs eingedenk, verzichtete Herakles aber darauf, an seinem Peiniger Rache zu üben, sondern häutete seine Jagdbeute, die Eurytheus entgegenzunehmen verschmäht hatte, und kleidete sich von nun an am liebsten in das Löwenfell.

DIE HYDRA

Eurystheus weigerte sich von nun an aus Angst um sein Leben, Herakles ins Gesicht zu sagen, was er als Nächstes zu tun habe. Und so erfuhr der Held aus dem Mund eines Boten, was seine zweite Aufgabe sein sollte: Er habe die Hydra zu töten. Die Hydra aber war ein vielköpfiges Schlangenwesen, das – vielleicht mit Heras Hilfe – aus der tiefsten Unterwelt aufgestiegen war, um sich mit dem Sohn des Zeus zu messen.

Bald schon machte Herakles das Monster in einem Tümpel bei der Stadt Lerna ausfindig, wo es in Gesellschaft eines ungeheuren Krebses lebte. Mittels brennender Pfeile gelang es Herakles, die Hydra aus dem Morast aufzuscheuchen, sodass er sie packen konnte. Er umschlang einen der Köpfe des Ungeheuers und hieb mit seinem Schwert die anderen ab. Doch er musste mitansehen, wie für jeden abgehauenen Kopf zwei neue nachwuchsen. Unterdessen schlug der riesige Krebs, der Gefährte der Hydra, tiefe Wunden in Herakles' Beine. In dieser verzweifelten Lage rief Herakles seinen Wagenlenker Iolaos, den Sohn seines Bruders Iphikles, zu Hilfe, der mit Brandfackeln herbeieilte. Mit deren Hilfe brannten Herakles und Iolaos die Wunden aus, die entstanden, wenn Herakles die Köpfe der Hydra abschlug. Nun konnten die Köpfe nicht mehr nachwachsen, und bald blieb nur noch das mittlere Haupt der Hydra übrig, das Herakles ebenfalls von seinem Schlangenleib trennte und unter großen Steinen begrub. In das giftige Blut des Monsters aber tauchte er seine Pfeile. Diese brachten hinfort jedem den Tod, den sie auch nur ritzten – aber sie sollten dereinst auch Herakles selbst verderben.

DIE KERYNITISCHE HIRSCHKUH

Herakles hatte nun das schrecklichste aller Ungeheuer erledigt und kehrte stolz zu Eurystheus zurück. Der fand allerdings, dass Herakles seine Aufgabe nicht wirklich erfüllt habe, weil er die Hilfe eines anderen, nämlich seines Wagenlenkers, in Anspruch genommen habe. Er wolle aber, so ließ er seinem Widersacher durch einen Boten mitteilen, Gnade vor Recht ergehen lassen und ihm eine weitere Aufgabe aufgeben: Er solle die Kerynitische Hirschkuh lebend fangen. Das war ein guter Einfall des Eurystheus, denn diese Hirschkuh mit goldenem Geweih stand unter dem besonderen Schutz der Göttin Artemis. Deshalb konnte Herakles sie nicht mit einem seiner tödlichen Pfeile erlegen – denn so hätte er sich unweigerlich den Zorn der Göttin zugezogen. Herakles musste die Hirschkuh lebend fangen, und bevor ihm dies gelang, war er gezwungen, sie ein ganzes Jahr lang in den Wäldern und Gebirgen Griechenlands zu verfolgen. Kaum hatte er sie gefangen und sich mit seiner Beute auf den Schultern auf den Weg nach Tiryns gemacht, begegnete er – ausgerechnet Artemis, der Schutzgöttin des Wilds.

Augenblicklich habe er die Hirschkuh freizulassen, herrschte die Göttin den Helden an und fügte hinzu, dass er für seinen Frevel werde büßen müssen. Herakles aber erklärte, dass nicht er, sondern Eurystheus die Jagd auf das wunderbare Tier veranlasst habe und dass ausgerechnet dieser triumphieren würde, wenn er, Herakles, die Hirschkuh nicht bis Tiryns brächte. Da hatte die Göttin ein Einsehen und erlaubte ihm, mit dem gefangenen Tier weiterzuziehen.

DER ERYMANTHISCHE EBER

Wütend nahm Eurystheus die Kunde auf, dass Herakles auch diese Aufgabe gemeistert hatte. Und sogleich ließ er den Helden seinen nächsten gefährlichen Auftrag wissen: Er solle den riesigen Eber lebend fangen, der die Gegend um den Berg Erymanthos in der schönen Landschaft Arkadien verwüstete.

Herakles machte sich also auf, auch dieses Untier unschädlich zu machen. Auf seiner Wanderung zum Berg Erymanthos aber hielt er Einkehr bei dem gastfreundlichen Zentauren Pholos, der wie alle Zentauren den Kopf und Oberkörper eines Menschen, darunter aber den Leib eines Pferdes hatte. Pholos bewirtete Herakles mit reichlichen Speisen und mit Wein. Wein liebten die Zentauren, und von dem Duft des Weins, den Pholos ausschenkte, angelockt, kamen die anderen Zentauren der Gegend herbei und verlangten ihren Anteil. Auch ihnen wurde ausgeschenkt; aber Zentauren vertragen Wein nicht sehr gut, wie aus manchen der Geschichten über sie hervorgeht, und so wurden sie angriffslustig und begannen Pholos und seinen zweibeinigen Gastfreund zu bedrohen. Herakles vertrieb die ungebetenen Gäste, und sie stoben von dannen, um Schutz bei dem ihnen wohlgesonnenen Gott Poseidon zu suchen. Einer von ihnen, Nessos mit Namen, floh ins nahe Ätolien und schwor Herakles Rache. Und die sollte Herakles eines Tages wirklich ereilen.

Nachdem die übrigen Zentauren sich in alle Himmelsrichtungen zerstreut hatten, waren Herakles und Pholos wieder unter sich. Doch da geschah ein Unglück: Als Pholos einen der todbringenden Pfeile des Herakles betrachtete und einen Augenblick unachtsam war, fiel dieser ihm auf einen Fuß. Sogleich wirkte das fürchterliche Gift der Hydra, und Pholos hauchte seine Seele aus.

Herakles betrauerte den Gastfreund, bestattete ihn ehrenvoll und wanderte dann ins Gebirge empor, um endlich den Eber zu fangen. Dort oben, in tiefem Schnee, stellte er das mächtige Tier, fing es mit vielen Mühen und schleppte es zurück zu Eurystheus nach Tiryns.

Voller Angst verkroch sich dieser wieder in seinem in der Erde eingelassenen Krug und sann auf eine noch tödlichere Aufgabe für seinen Rivalen Herakles.

DER STALL DES AUGIAS

Während Herakles noch auf der Jagd nach dem schrecklichen Erymanthischen Eber war, hörte er von den Tapferen, die sich sammelten, um unter der Führung des Jason mit einem gewaltigen Schiff, der Argo, die große Beute versprechende Fahrt zum fernen Kolchis zu wagen. Dies war ein Abenteuer nach Herakles' Geschmack, und sobald er den Eber bei Eurystheus abgeliefert hatte, ging er nach Thessalien, um sich den Seefahrern anzuschließen.

Zu Beginn der Fahrt bewährte Herakles sich als Held und erschlug einen den Argonauten feindlich gesonnenen König. Doch dann verliebte er sich in dessen Sohn, den schönen Hylas, und machte den schönen Knaben zu seinem Diener und Gefährten. Doch die Götter, die wollten, dass Herakles seine zwölf Aufgaben erfüllte und dadurch Unsterblichkeit erlangte, sorgten dafür, dass sich auch die Nymphen einer Quelle, an deren Ufern Hylas Schilf schneiden sollte, in den Jüngling verliebten und ihn zu sich hinunter auf den Grund des Quellteichs zogen. Verzweifelt suchte Herakles nun nach seinem verschwundenen Geliebten, so lange, bis die Argonauten nicht länger auf ihn warten wollten und ohne ihn weiterfuhren.

Herakles aber blieb, nachdem er noch lange nach Hylas gesucht hatte, nichts anderes übrig, als zu Eurystheus zurückzukehren und ihn zu bitten, ihm die nächste, die fünfte, Prüfung aufzuerlegen, denn dies war es, was ihm das Orakel aufgegeben hatte.

Eurystheus aber hatte Zeit genug gehabt, sich etwas besonders Hinterhältiges auszudenken, eine Arbeit, die kaum zu bewältigen und überdies überaus erniedrigend war: Herakles sollte den Stall des Augias reinigen.

Dies war kein Stall im gewöhnlichen Sinne; es handelte sich vielmehr um die endlosen Pferche, in denen Augias, der König der Landschaft Elis, seine riesigen Rinderherden hielt. Es war ein schier unübersehbares Terrain, das von einer dicken Schicht von Rinderkot bedeckt war.

Dennoch machte sich Herakles guten Mutes – denn bisher hatte er alle Aufgaben erfüllt, die Eurystheus ihm gestellt hatte – zu Augias auf und handelte mit ihm aus, dass er ein Zehntel seines Viehs für seine Arbeit erhalten würde, wenn er sie binnen eines Tages erledigte.

Herakles dachte nicht daran, die Mistgabel zu schwingen, sondern durchbrach die Mauern der Gehege und leitete die Flüsse Alpheios und Peneios, die in der Nähe vorbeiströmten, durch die Stallungen. Diese wurden nun kräftig durchgespült und waren am Ende des Tages von allem Mist befreit.

Am Abend forderte Herakles von Augias seinen Lohn ein, doch der hatte mittlerweile in Erfahrung gebracht, dass Herakles von den Göttern zu seinen Arbeiten verurteilt war und keinen Anspruch auf Lohn hatte. So entließ er ihn mit leeren Händen.

Als Herakles dem Eurystheus die erfolgreiche Erledigung dieser seiner fünften Arbeit meldete, wandte der ein, dass die Arbeit nicht zählen dürfe, da Herakles einen Lohn verlangt habe, und schickte ihn sogleich zu einer sechsten Arbeit aus.

DIE STYMPHALISCHEN VÖGEL

Herakles sollte, hatte sich Eurystheus ausgedacht, die Stymphalischen Vögel aus der benachbarten Landschaft Arkadien vertreiben. Diese Vögel, deren Namen auf den Sumpf Stymphalos zurückging, an dem sie nisteten, hatten das menschliche Leben in Arkadien fast ausgelöscht, denn sie töteten mit ihren schrecklich kräftigen Schnäbeln das Vieh und zögerten auch nicht, die Menschen zu morden, die sich ihnen entgegenstellten.

Als Herakles der Schar unzähliger Vögel ansichtig wurde, bat er seine ihm freundlich gesonnene Stiefschwester, die Göttin Athene, um die Klappern aus Messing, die ihr Bruder, der kunstfertige Hephaistos, einst für sie verfertigt hatte. Mit diesen Klappern machte er im stymphalischen Sumpf einen solchen Lärm, dass die Vögel sich erschrocken in die Luft erhoben. Mit seinen unfehlbaren Pfeilen schoss Herakles nun eine Anzahl von ihnen ab. Die übrigen Vögel aber flatterten davon und ließen sich nie mehr in Arkadien sehen.

DER KRETISCHE STIER

In Stiergestalt hatte Zeus einst die schöne Europa nach Kreta entführt und dort mit ihr den Minos gezeugt. Pasiphaë aber, die Frau des Minos, verliebte sich – das hatte der Gott Poseidon herbeigeführt, weil Minos ihm die gebührenden Opfer verweigert hatte – wiederum in einen Stier. Und mit ihm zeugte sie den grässlichen Minotauros, den Theseus dereinst im Labyrinth des Minos töten sollte. Der gewaltige Stier jedoch, der der Vater des Minotauros war, lief frei auf Kreta umher und verwüstete die Felder.

Diesen Stier solle Herakles fangen und nach Tiryns bringen, verlangte nun Eurystheus.

Herakles machte die Seereise nach Kreta und stellte dort mit Hilfe des ihm wohlgesonnenen Minos den mächtigen Stier. Er bändigte ihn dank seiner übermenschlichen Kräfte und nötigte ihn, ihm als Reittier zu dienen und ihn nach Tiryns zu tragen, wo er ihn dem Eurystheus vorführte. Danach ließ Herakles den Stier frei, der noch lange Unheil stiftete, bis ihn endlich der athenische Held Theseus tötete.

DIE STUTEN DES DIOMEDES

Nachdem Herakles auch den mächtigen Kretischen Stier bezwungen hatte, schickte ihn Eurystheus ins ferne Thrakien. Dort wohnte der barbarische König Diomedes, der vier ungewöhnlich wilde Stuten besaß und sich ein Vergnügen daraus zu machen pflegte, Fremde, die in sein Land kamen, diesen Pferden zum Fraß vorzuwerfen. Er solle ihm die Stuten bringen, ließ Eurystheus Herakles wissen – und hoffte insgeheim, dass sie den Helden fressen würden.

Auf dem Weg nach Thrakien fand Herakles gastfreundliche Aufnahme bei dem König Admetos. Offenkundig war der König in Trauer, und Herakles erkundigte sich mitfühlend nach dem Grund. Ach, es sei nichts Schlimmes, antwortete Admetos. Aber nachdem Herakles mit seinem Gastgeber einige Schalen Wein getrunken hatte, kam die Wahrheit an den Tag: Admetos trauerte um seine geliebte Gattin Alkestis, die gestorben war, um das Leben ihres Mannes zu retten. Herakles war empört, dass Admetos seine Trauer um eine so wunderbare Frau verbarg, doch er war mit ihm gleich schon wieder versöhnt, als ihm nämlich der Gedanke kam, dass dies nur um seinetwillen geschehen war – weil Admetos seinen Gast aus Gastfreundschaft nicht mit schweren Gedanken belasten wollte.

Entschlossen ging Herakles nun in den Raum, wo Alkestis aufgebahrt war, und erblickte den Tod selbst, der gerade im Begriffe war, die Leiche zu sich zu nehmen.

Da packte Herakles den Tod und würgte ihn so lange, bis dieser bereit war, sein Opfer herauszugeben. Stolz geleitete er nun die wieder zum Leben erwachte Alkestis zu ihrem Gatten, der sie unendlich gerührt in seine Arme nahm.

Reich beschenkt von Admetos, wanderte Herakles weiter nach Thrakien. Er überwältigte ohne Mühe die Pferdeknechte des Diomedes und trieb die wilden Stuten zum Strand, wo ein Schiff sie aufnahm. Als Diomedes den Verlust bemerkte, setzte er Herakles nach und stellte ihn; doch unterlag er im Kampf, und Herakles warf ihn lebend seinen rasenden Stuten zum Fraß vor, um sie zu beruhigen.

Herakles führte die Stuten dem Eurystheus vor und entließ sie dann in die Freiheit. Die Pferde strebten zurück in ihre Heimat, nach Thrakien, aber am Fuß des Olymp, der auf ihrem Wege lag, wurden sie von anderen wilden Tieren zerfleischt.

DER GÜRTEL DER HIPPOLYTE

Eurystheus hatte von einem prächtigen Gürtel aus Gold und Edelsteinen vernommen, den Ares selbst, der Gott des Krieges, einst der Königin der Amazonen, Hippolyte, zum Geschenk gemacht hatte. Die Amazonen waren aber als große Kriegerinnen berühmt, die keine Männer in ihren Reihen duldeten und gegen alle Männer bestanden. Eurystheus' Überlegung war nun diese: Entweder würde Herakles den Gürtel herbeibringen, und er würde seine Tochter damit schmücken, oder – und das wäre ihm noch lieber gewesen – Herakles unterlag den kriegerischen Frauen und kehrte nie zurück.

Als Herakles von dem Auftrag erfuhr, den Gürtel der Amazonenkönigin herbeizuschaffen, sammelte er die größten Helden Griechenlands, unter ihnen den athenischen Helden Theseus, um sich, denn er wusste, dass er allein gegen das Heer der Amazonen ohnmächtig gewesen wäre.

Gemeinsam fuhren die griechischen Helden nun mit einem Schiff an die Südküste des Schwarzen Meeres, wo die Amazonen wohnten. Nach manchen Abenteuern kamen sie auch gut dort an. Herakles sandte sogleich Boten zu Hippolyte, der Königin, und verlangte von ihr den berühmten Gürtel. Zu seiner Verwunderung kam Hippolyte persönlich herbei und scheute sich nicht, das Schiff der Griechen zu betreten. Herakles bewirtete sie und erklärte ihr, warum er ihren Gürtel haben müsse;

und zu seiner erneuten Verblüffung erklärte sich die Amazonenkönigin bereit, ihm den Schmuck zu überlassen.

Hera aber, die dies alles vom Olymp aus beobachtet hatte, gönnte ihrem Feind diesen billigen Triumph nicht. Sie stieg hinab, verwandelte sich in eine Amazone und stachelte die übrigen Amazonen auf: Herakles wolle ihre Königin entführen, verkündete sie, und sie, ihre Schwestern, müssten sich beeilen, den Raub zu verhindern, bevor das Griechenschiff ablege. Da stürmten alle Amazonen zum Strand herab und bedrängten die Griechen auf ihrem Schiff. Herakles aber konnte sich dies nicht anders erklären, als dass Hippolyte ihn hintergangen habe, entriss ihr den Gürtel und tötete die unglückliche Königin.

Nur mit Mühe gelang es den griechischen Helden, sich der wütenden Amazonen so lange zu erwehren, bis sie ihr Schiff ins Wasser gezogen hatten und davonrudern konnten.

DAS VIEH DES GERYONES

Nachdem Herakles auch von seiner Expedition zu den Amazonen heil zurückgekehrt war und Eurystheus den Gürtel der Hippolyte überreicht hatte, wusste dieser, dass er seinem Feind nun eine noch gefährlichere Aufgabe geben musste, denn neun von seinen zwölf möglichen Arbeiten hatte Herakles bereits unbeschadet überstanden.

Eurystheus hatte aber von einem König gehört, der am Ende der Welt hauste, an der Atlantikküste Spaniens, und dort über riesige Herden der schönsten Rinder verfügte. Dieser König namens Geryones war überdies kein gewöhnlicher Mensch, sondern ein Ungeheuer mit drei Köpfen und drei Paar Beinen; der Hirt seiner Herden aber war ein Riese, und sein Hütehund ein zweiköpfiges Ungeheuer.

Herakles setzte unverzagt nach Libyen an der Küste Afrikas über und wanderte durch die Wüstenlandschaften dieser Gegend unter mancherlei Entbehrungen nach Westen. Eines Tages vertrat ihm ein Riese namens Antaios den Weg. Herakles rang mit ihm, konnte ihn aber nicht besiegen, denn Antaios war ein Sohn der Urmutter Gaia, also der Erde selbst, und erlangte stets verdoppelte Kräfte, sobald er mit seinen Füßen die mütterliche Erde berührte. Irgendwann in dem langwährenden Kampf erkannte Herakles das Geheimnis der Kraft des Antaios und hob ihn in die Luft, sodass er keine neue Kraft schöpfen konnte. Und endlich gelang es ihm, den Riesen zu erwürgen.

Bald danach gelangte Herakles zu der Meerenge, die das Mittelmeer vom Atlantischen Ozean trennt und die heute nach dem Felsen von Gibraltar heißt. Auf diesem Felsen und auf dem, der ihm auf der afrikanischen Seite gegenüberliegt, errichtete er zwei gewaltige Säulen als Zeichen für die Schiffer, dass sie nun das Mittelmeer verließen und auf den gewaltigen Ozean hinausfuhren. Hinfort sprachen die Alten von dieser Meerenge stets als den »Säulen des Herakles«.

Jetzt aber stach Herakles die Sonne so heftig, dass er wütend seine Pfeile gegen den Sonnengott, Helios, selbst aussandte. Helios, dem diese Pfeile nichts anhaben konnten, war daraufhin überhaupt nicht böse, sondern zollte dem Mut des Göttersohns Anerkennung, indem er ihm eine goldene Schale schickte, auf der dieser ein Segel setzen konnte, sodass er schnell über das Meer ins Land des Geryones gelangte.

Dort erblickte Herakles auch bald die wunderbaren Herden dieses Königs. Den gewaltigen Hund mit seinen zwei Köpfen, der gleich auf ihn zusprang, tötete er mit einem Wurf seiner Keule; dem riesenhaften Hirten ging es nicht besser. Nun begann Herakles, die prächtige Herde des Geryones nach Osten zu treiben. Doch mittlerweile hatte ihr mächtiger Besitzer von dem Raub seines Viehs vernommen und eilte dem Räuber nach. Es kam zum Kampf, und Herakles tötete das dreiköpfige Ungeheuer mit seinen unfehlbaren Pfeilen.

Nun zog Herakles mit dem Vieh des Geryones die Küste des heutigen Spaniens und Frankreichs entlang. In der Gegend des heutigen Marseille versuchten die Einwohner des Landes, Herakles seine Beute abzunehmen, und gegen ihre Übermacht wäre der Held ohnmächtig gewesen, wenn nicht Zeus selbst Steine vom Himmel hätte regnen lassen, die sein Sohn nun gegen seine Widersacher schleudern konnte. Noch heute bedecken diese Steine die Ebene westlich der Stadt Marseille, dem antiken Massalia.

Nach manchen weiteren Abenteuern brachte Herakles die Rinder des Geryones schließlich nach Tiryns zu Eurystheus.

DIE ÄPFEL DER HESPERIDEN

Wütend über den Erfolg seines Gegners schickte Eurystheus Herakles erneut dorthin, wo er gerade hergekommen war, nämlich zum westlichen Ende der Welt, wo die Sonne untergeht. Hier hüteten nämlich die Hesperiden, die Nymphen des Abends, in einem Hain die goldenen Äpfel, die Gaia, die Erde, einst Hera zu ihrer Hochzeit mit dem Götterfürsten Zeus geschenkt hatte. Diese solle Herakles ihm holen, befahl Eurystheus.

Wieder machte dieser sich auf den weiten Weg durch Libyen dorthin, wo bereits die Säulen des Herakles standen. Nicht weit davon war der Ort, an dem der riesenhafte Titan Atlas stand und auf seinen Schultern das Himmelsgewölbe trug – denn dazu hatten die Götter ihn verdammt. Herakles erklärte sich nun bereit, die gewaltige Bürde zu übernehmen, wenn Atlas ihm unterdessen die Äpfel aus dem Garten der Hesperiden brächte. Atlas war glücklich, seine Last loszuwerden, tauschte mit Herakles und kam alsbald mit den goldenen Äpfeln zurück. Allerdings hatte er keine Lust, erneut für endlose Zeiten den Himmel zu tragen, und erklärte Herakles fröhlich, dass er selbst die Äpfel dem Eurystheus bringen wolle.

Nun war guter Rat teuer, doch der Göttersohn erwies sich als weniger einfältig als der Titan. Er tat so, als sei er einverstanden mit dem Rollenwechsel, bat Atlas jedoch, die Bürde noch einmal für kurze Zeit zu übernehmen, damit er ein Polster auf seine Schulter legen könne. Der gutmütige Atlas war einverstanden und übernahm wieder die Last des Himmelsgewölbes. Nun aber war es Herakles, der ihn damit allein ließ. Er nahm die Äpfel und machte sich auf den Weg zu Eurystheus.

DER RAUB DES ZERBERUS

Als Herakles auch die elfte seiner Arbeiten erledigt hatte, musste Eurystheus sich als letzte Aufgabe für ihn etwas überlegen, das wirklich unausführbar war. Und so verfiel der grausame Mann darauf, seinen Feind in die Unterwelt hinabzusenden. Von dort solle er den Kerberos, oder, wie er auf Lateinisch heißen sollte, den Zerberus, heraufholen, den gewaltigen vielköpfigen Höllenhund, dessen Maul von giftigem Geifer troff und dessen zahlreiche Schwänze Schlangen waren, einen Abkömmling der grässlichsten Ungeheuer der Vorzeit. Die Götter aber hatten dem Untier die

Aufgabe zugewiesen, die Schatten der Toten in der Unterwelt zu hüten wie ein Hund seine Herde, damit keiner von ihnen aus dem Totenreich entkam.

Herakles wusste, dass er die schwierigste der ihm von Eurystheus aufgegebenen Aufgaben nicht ohne göttliche Hilfe würde erfüllen können, und so begab er sich zunächst zum Orakel nach Delphi, wo er erfuhr, wie er sich von allen seinen schlechten Taten reinigen konnte. Als er gebührend Sühne getan hatte, gesellte sich auf Bitten seiner Fürsprecherin Athene der Gott Hermes zu ihm, zu dessen Aufgaben es gehörte, die Gestorbenen in die Unterwelt zu geleiten.

Unter Hermes' Führung gelangte Herakles an die Tore der Unterwelt. Dort zwang er den Fährmann der Toten, Charon, ihn über den Fluss Styx zu setzen, der die Unterwelt umströmt, und eilte stracks zum Palast des Hades, des Königs der Unterwelt. Die Geister der Toten wichen vor dem Lebenden erschrocken zur Seite, nur Medusa, eines der schrecklichsten Ungeheuer der Unterwelt, stellte sich ihm entgegen. Als Herakles mit dem Schwert auf sie losgehen wollte, versicherte Hermes ihm, dass auch diese Medusa nur ein Schatten ihrer selbst war – denn Perseus, der große Held, hatte sie ja bereits getötet –, und zog ihn weiter. Vor den Toren des Palastes, in dem der Unterweltsherrscher wohnte, erblickte Herakles den Helden Theseus und seinen Gefährten Peirithoos, die von Hades hier an die Stühle des Vergessens gefesselt worden waren, weil sie einst versucht hatten, seine schöne Gemahlin Persephone aus der Unterwelt zu entführen. Es gelang Herakles, Theseus zu befreien, doch Peirithoos blieb an seinem Sitz kleben. Schließlich gelangte Herakles vor den Thron des Hades, von dem er, unbeeindruckt von der düsteren Pracht seines Palastes, keck verlangte, er solle ihm den Zerberus überantworten. Hades gab nach – sei es, weil er sich dem Ratschluss der Götter nicht wiedersetzen wollte, sei es, weil er überzeugt war, dass der Höllenhund dem frechen Sterblichen schon den Garaus machen werde – und führte Herakles zu dem Höllenhund. Der grässliche Hund machte keinerlei Anstalten, dem sterblichen Helden zu folgen, doch nachdem dieser ihn in den Würgegriff genommen und Anstalten gemacht hatte, ihm alle Knochen zu brechen, folgte er ihm wie ein Lamm auf den sonnenbeschienenen Erdboden und schließlich nach Tiryns zu Eurystheus. Der flüchtete sich beim Anblick des Ungeheuers in den hintersten Winkel seines Palastes und bat Herakles inständig, den Höllenhund sofort dorthin zurückzubringen, wo er hergekommen war. Herakles erfüllte ihm die Bitte, doch er wusste, dass er nun, da er alle zwölf ihm von Eurystheus aufgegebenen Arbeiten erledigt hatte, frei war. Eurystheus musste nun einsehen, dass sein Knecht Herakles ihm bei aller seiner Schläue weit überlegen war. Herakles aber hatte, wie ihm prophezeit war, nach seinen zwölf Arbeiten die Unsterblichkeit erlangt.

HERAKLES WIRD ZUM SKLAVEN BEI OMPHALE

Noch aber war Herakles ein Mensch mit all seinen Fehlern und Schwächen, und seine Feindin Hera gedachte nicht, ihm den Rest seines Menschenlebens leicht zu machen. Hera vermochte Herakles allerdings nur in dem Maß zu quälen, wie er selbst Schuld auf sich lud, aber das tat er zur Genüge.

Seinen ersten großen Fehltritt machte Herakles, als er um die schöne Iole freite, die Tochter des Königs Eurytos. Dieser hatte Iole dem besten Bogenschützen Griechenlands versprochen, und Herakles hatte sich sogleich aufgemacht, an dem von Eurytos veranstalteten Bogenschützenwettbewerb teilzunehmen. Er suchte nach einer neuen Gemahlin, denn seine erste Frau Megara wollte nichts mehr mit ihm zu tun haben, seitdem er ihre Kinder im Wahnsinn umgebracht hatte.

Herakles gewann das Wettschießen bei Eurytos, doch dieser wollte niemanden als Schwiegersohn, der schon einmal die eigenen Kinder getötet hatte, und verweigerte Herakles den Siegpreis: seine Tochter. Vergeblich mahnte Iphitos, der älteste Sohn des Eurytos, seinen Vater, dass er doch sein Versprechen halten möge.

Da Herakles sich von Eurytos hintergangen fühlte, raubte er dessen Vieh. Nun war es die Pflicht des Iphitos, Herakles zu verfolgen. Herakles aber stürzte den aufrechten Sohn des Eurytos, als der von ihm das Vieh zurückverlangte, wütend vom Dach seines Hauses in Tiryns und tötete ihn auf diese Weise.

Das war eine frevelhafte Tat, und endlich hatte Hera einen Grund, Herakles vor dem Rat der Götter anzuklagen. Das Urteil, das Herakles durch das delphische Orakel erfuhr, war dies: Drei Jahre lang müsse er sich in Knechtschaft begeben und den Lohn für seine Sklavendienste den Söhnen des Iphitos übergeben.

Herakles wurde nun als Sklave versteigert und gelangte in den Besitz der Königin Omphale aus dem kleinasiatischen Lydien. Omphale nutzte die Kraft ihres Knechtes, um ihre Gegner zu bezwingen und ihr Land von schädlichen Ungeheuern zu befreien. Es heißt auch, sie habe es genossen, einen so starken Mann zum Sklaven zu haben, und Herakles in Frauenkleider gesteckt, um ihn zu demütigen. Andererseits wird aber auch berichtet, Omphale habe sich in Herakles verliebt und von ihm einen Sohn gehabt.

HERAKLES BESTRAFT DEN TROJANERKÖNIG LAOMEDON UND STEHT DEN GÖTTERN IM KAMPF GEGEN DIE GIGANTEN BEI

Jedenfalls entließ Omphale nach Ablauf des dritten Jahrs Herakles freiwillig aus ihrem Dienst. Und Herakles nutzte die wiedergewonnene Freiheit, um sich an einigen alten Feinden zu rächen, voran dem trojanischen König Laomedon, der ihm einst seinen Lohn vorenthalten hatte, nachdem er dessen Tochter Hesione davor gerettet hatte, einem Meeresungeheuer geopfert zu werden. Herakles landete mit einer ganzen Flotte vor Troja, drang in die mächtige Stadt ein und tötete Laomedon und seine Söhne bis auf Priamos, um dessen Leben Hesione gefleht hatte. Unter der Herrschaft des Priamos aber sollte Troja zum Gipfel seiner Macht gelangen – bis es den Griechen im Trojanischen Krieg unterlag.

Hera sah diesen Triumph des Herakles mit scheelen Augen und setzte alles daran, die Rückkehr seiner Flotte nach Griechenland zu verhindern. Sie sollte im Sturm zerschellen. Das konnten die Götter aber nicht zulassen, denn sie hatten sich gerade des Aufstands der Giganten zu erwehren, die drauf und dran waren, den Olymp zu erklimmen und die Götter zu vernichten. Da brauchten sie jede göttliche Waffe und die Hand, die sie zu führen verstand – auch auf den mächtigen Bogen des Herakles waren sie dringend angewiesen. Deshalb wies Zeus seine Gemahlin heftig zurecht und befahl ihr, Herakles nicht weiter zu verfolgen. Herakles enttäuschte seinen Vater nicht: Gemeinsam mit seinem Halbbruder Apoll blendete er mit einem seiner Pfeile den mächtigen Giganten Ephialtes und trug dadurch wesentlich zum Sieg der Götter über die Giganten bei.

HERAKLES, DER RÄCHER

Als die Giganten getötet oder in die tiefste Unterwelt verbannt waren, wandte sich Herakles wieder seinen irdischen Feinden zu. Insbesondere den Augias, der ihn einst um seinen gerechten Lohn betrogen hatte, wollte er bestrafen. Er sammelte eine Streitmacht um sich und zog nach Elis, wo sein alter Feind herrschte. Hier erlitt Herakles zum ersten Mal eine Niederlage im Kampf, denn Augias hatte mächtige Verbündete. Krank an Leib und Seele zog Herakles sich nach Tiryns zu Eurystheus zurück, wurde jedoch sogleich von diesem aus der Stadt verwiesen. Nach einer Weile aber fand Herakles seine alten Kräfte wieder und zog erneut gegen Augias. Diesmal erreichte er sein Ziel: Er verbannte den verschlagenen König und verhalf dessen rechtschaffenem Sohn auf den Thron von Elis.

Der nächste, mit dem Herakles noch eine Rechnung offen hatte, war Neleus, der König von Pylos. Denn der hatte sich geweigert, Herakles zu entsühnen, als er gewissermaßen in Notwehr den Iphitos vom Dach gestürzt hatte. Dieser Weigerung hatte der Held die schmähliche Buße als Sklave der Omphale zu verdanken.

In seinem Rachedurst tötete Herakles nicht nur Neleus, sondern auch elf seiner Söhne. Nur der zwölfte, Nestor, entging dem blutigen Gericht, weil er nicht zu Hause war. Nestor aber sollte der bedeutendste aller Könige von Pylos werden und im Krieg um Troja, an dem er als alter Mann noch teilnahm, als weiser Ratgeber berühmt werden.

Nach der Rache an Neleus wandte sich Herakles gegen Sparta, über das Hippokoon mit seinen Söhnen herrschte. Auch Hippokoon hatte sich geweigert, Herakles nach dem Tod des Iphitos von seiner Blutschuld zu reinigen; überdies hatten seine Söhne Oionos, den jugendlichen Vetter des Herakles, ermordet. Aber Sparta war eine mächtige Stadt, und ohne Verbündete konnte Herakles nicht daran denken, sie zu belagern. Herakles suchte deshalb Unterstützung bei seinem Gastfreund, dem König Kepheus von Tegea. Aber Kepheus wollte seine Stadt nicht verlassen, denn sie war von Feinden bedroht. Lange musste Herakles mit Kepheus verhandeln, bis dieser sich schließlich zu dem gemeinsamen Kriegszug bereit erklärte. In dieser Zeit knüpfte Herakles ein heimliches Liebesverhältnis mit Kepheus' Schwester Auge an, die Herakles' Sohn Telephos gebären sollte, der zu einem großen Helden wurde.

Kepheus' Widerwille, mit Herakles gegen die Spartaner zu ziehen, erwies sich als nur allzu berechtigt, denn der König fiel in dem entscheidenden Kampf, während dessen sich auch Herakles eine schwere Wunde zuzog. Doch in derselben Schlacht fielen auch der Spartanerkönig Hippokoon und seine Söhne; und bevor sich der Zeussohn zurückzog, um seine Verletzung von Asklepios, dem Gott der Heilkunde, behandeln zu lassen, setzte er Tyndareos, den rechtmäßigen Erben des Throns von Sparta, den Hippokoon vertrieben hatte, wieder in seine Rechte ein.

Damit erwies Herakles seinem Vater Zeus einen großen Gefallen, denn Tyndareos hatte im Exil Leda geheiratet, die einmal die Geliebte des Göttervaters gewesen war. Leda war die Mutter der schönen Helena, die die Ursache des Krieges um Troja werden sollte, ihrer unglücklichen Schwester Klytämnestra und des unter dem Namen »die Dioskuren« – das heißt Zeuskinder – berühmt gewordenen heldenhaften Zwillingspaars Kastor und Polydeikes. Klytemnästra und Kastor galten zumeist als Kinder des Tyndareos, ihre Geschwister aber als die des Göttervaters selbst. Tyndareos stand deshalb unter dem besonderen Schutz des Zeus – als Pflegevater der Kinder des Herrschers der Götter.

HERAKLES' ENDE UND ERHÖHUNG

Nachdem er sich an seinen Feinden gerächt hatte, zog sich Herakles zu dem gastfreundlichen König Oineus zurück, wo er sich in Deianeira, die liebliche Tochter des Freundes, verliebte. Deianeira hatte allerdings noch einen anderen Verehrer, den Flussgott Acheloos. Eifersüchtig beobachteten sich die Rivalen, und irgendwann kam es zum Kampf. Vergebens versuchte Herakles, den Flussgott zu erwürgen, der sich ihm in der Gestalt einer Wasserschlange stellte; aber auch der Acheloos vermochte so nichts gegen den Helden auszurichten. Da verwandelte sich der Flussgott in einen mächtigen Stier, und nun packte Herakles ihn an den Hörnern und brach ihm nach langem Ringen eines davon ab. Acheloos sah jetzt ein, dass er es mit einem noch Stärkeren zu tun hatte, und verließ die Kampfstätte. Danach konnte die Hochzeit des Herakles mit Deianeira gefeiert werden.

Wenig später widerfuhr Herakles bei einem von Oineus ausgerichteten Gelage ein folgenschweres Missgeschick: Weil er sich über eine Ungeschicklichkeit von

Oineus' Mundschenk geärgert hatte, versetzte er diesem mit den Knöcheln seiner Hand einen Schlag, und der Jüngling fiel auf der Stelle tot um. Das hatte Herakles nicht gewollt, und sein Schwiegervater und Gastfreund verzieh ihm. Dennoch – Herakles hatte erneut Schuld auf sich geladen und war gezwungen, mit seiner schönen Frau Deianeira fortzuziehen.

Auf der Suche nach einem neuen Quartier gelangten die beiden an einen reißenden Fluss, an dem der Zentaur Nessos als Fährmann seinen Lebensunterhalt verdiente. Ausgerechnet Nessos, den Herakles damals, auf der Suche nach dem Erymanthischen Eber, mitsamt seinen Gefährten aus seiner Heimat vertrieben hatte!

Herakles erkannte Nessos nicht wieder und vertraute ihm seine Frau an, während er selbst sich anschickte, ohne Hilfe den Fluss zu überqueren.

Nessos erinnerte sich aber genau an seinen alten Feind, und um ihn zu Erniedrigen, versuchte er, als er am jenseitigen Flussufer angelangt war, dessen Frau zu vergewaltigen. Herakles sah dies von ferne und sandte einen seiner unfehlbaren Giftpfeile gegen den Pferdemenschen. Voller Hass auf seinen Gegner riet der sterbende Zentaur nun der schönen Deianeira, sie möge sein Blut auffangen und es wenn nötig auf Herakles' Gewand streichen, denn es werde als Liebeszauber wirken. Und Deianeira, die bereits wusste, dass Herakles kein sonderlich treuer Ehemann war, nahm seine Worte aufmerksam auf.

Bald sollte sie Veranlassung haben, den Liebeszauber des Nessos zu erproben, denn Herakles hatte es sich in den Kopf gesetzt, von Eurytos, der ihm seinerzeit entgegen allen Abmachungen die Hand seiner Tochter Iole verweigert hatte, den damals versprochenen Siegpreis mit Gewalt zu holen. In einem heftigen Kampf tötete Herakles den Eurytos und seine Söhne und machte Iole zu seiner Sklavin und Nebenfrau.

Nach diesem Erfolg verlangte es Herakles, seinem göttlichen Vater Zeus ein Dankopfer darzubringen, und um es würdevoll begehen zu können, schickte er zu seiner Frau Deianeira, dass sie ihm ein frisches Gewand bringen lassen möge. Deianeira hatte inzwischen von der neuen Frau an der Seite ihres Gemahls vernommen und sich an den Liebeszauber des Zentauren erinnert. Also ließ sie Herakles ein in dem Blut des Nessos getränktes Gewand zukommen.

Kaum hatte Herakles das frische rote Gewand übergestreift, überlief es seine Glieder wie Feuer; vergebens versuchte er, sich seine Kleider vom Leib zu reißen, denn mit jedem Stück Gewand riss er sein eigenes Fleisch mit ab.

Es war das Gift von dem Blut der schrecklichen Hydra, das nun eine so schreckliche Wirkung zeigte. Da Herakles einst seine Pfeile in das Blut der Hydra getaucht hatte, war das Gift auch in dem Blut des von Herakles' Pfeil getroffenen Zentauren Nessos gewesen, und nun hatte es Herakles selbst erreicht.

Rasend kehrte Herakles zu Deianeira zurück, die sich selbst tötete, als sie sah, was sie unwissentlich verursacht hatte.

Vor Schmerzen fast irre, befahl Herakles dem ältesten Sohn, den er mit Deianeira hatte, Hyllos, für ihn einen Scheiterhaufen zu errichten, und setzte sich selbst oben darauf. Doch niemand wagte es, die Holzscheite in Brand zu setzen. Schließlich ließ sich ein Hirt, der gerade seine Herden vorbeitrieb, dazu veranlassen, den Holzstoß anzuzünden, nachdem Herakles ihm seinen gewaltigen Bogen geschenkt hatte. Als die Flammen nun emporloderten, schlug mit einem Mal ein Blitz des Zeus in den Scheiterhaufen ein, und eine Wolke verhüllte ihn. Als die Flammen erloschen und die Wolke verschwunden waren, fand sich keine Spur mehr von Herakles' gewaltigem Leib: Die Götter hatten ihn zu sich und in ihre olympische Runde aufgenommen.

Herakles blieb der einzige Sterbliche, dem dies vergönnt war.

Bevor die Griechen zu einem großen Handelsvolk wurden, das an allen Küsten des Mittelmeers und des Schwarzen Meers zu Hause war, sammelten sie ihre ersten seemännischen Erfahrungen als Abenteurer und Piraten. Von dieser alten Zeit erzählt die Sage der Argonauten. Viele der berühmtesten griechischen Helden wurden zu den Argonauten – den Argo-Schiffern – gezählt, doch im Mittelpunkt der Sage steht nur ein Held: Jason.

JASON

Im Herzen der Landschaft Thessalien in der Mitte Griechenlands erhoben sich einst die Mauern der Stadt Iolkos. Hier herrschte als König Pelias, der nach dem Tod seines Vaters die Herrschaft an sich gerissen hatte, die eigentlich seinem Halbbruder Aison zustand. Natürlich hatte Pelias ein schlechtes Gewissen und fürchtete die Rache Aisons; deshalb trachtete er ihm nach dem Leben. Aison musste sich daher vor Pelias verstecken, und als seine Frau ein Kind zur Welt brachte, waren sich beide Gatten sicher, dass auch dessen Leben durch Pelias bedroht war. Also schützten sie vor, es habe sich um eine Totgeburt gehandelt, und schickten ihr Kind, den kleinen Jason, zu dem weisen Zentauren, dem Pferdmenschen Cheiron, der schon für manchen Helden der Lehrmeister gewesen war.

Bei Cheiron lernte Jason alles, was ein großer Krieger wissen muss, und wuchs zu einem strahlenden Jüngling heran. Als er alt genug war, sein Schicksal in die eigenen Hände zu nehmen, begab er sich in seine Heimat zu seinem Onkel Pelias. Jasons Vater Aison war mittlerweile gestorben, und es gab gute Gründe für die Vermutung, dass Pelias seinen Tod verursacht hatte. Umso mehr fühlte der Jüngling sich im Recht, als er von Pelias verlangte, dass er die Königsmacht, die er seinem Vater geraubt hatte, an ihn abgeben solle. Das war kühn, aber Pelias, der die Götter schon allzu sehr herausgefordert hatte und in seinem Volke viele Widersacher wusste, scheute sich, seinen Neffen auf der Stelle mit Gewalt zu beseitigen. Stattdessen verfiel er auf eine List: Er werde, sprach er zu Jason, bereitwillig für ihn den Thron räumen; zuvor aber möge Jason ihm und seiner Vaterstadt einen großen Dienst erweisen – nämlich das Goldene Vlies aus dem fernen Lande Kolchis zu holen.

DAS GOLDENE VLIES

Das Goldene Vlies aber war das Fell eines wunderbaren goldenen Widders, der einst auf Beschluss der Götter den Phrixos, einen Onkel des Pelias und des Aison, gerettet und nach Kolchis gebracht hatte.

Phrixos' Vater Athamas hatte nämlich seine Frau verstoßen und eine andere geheiratet, die Athamas' Kinder aus der ersten Ehe mit Hass verfolgte. Sie hatte Athamas schließlich so weit gebracht, dass er seinen Sohn den Göttern opfern wollte. Diese aber waren nicht bereit, ein solch scheußliches Opfer anzunehmen, und entsandten den goldenen Widder, der Phrixos, der damals noch ein Kind war, und seine Schwester Helle auf seinen Rücken lud und mit ihnen davoneilte. Er erhob sich mit seiner Last in die Lüfte, denn er konnte auf den Wolken laufen, und trug die Kinder nach Nordosten bis zu den Meerengen, die Europa von Asien trennen. Hier verließ Helle, die sich bisher ängstlich an ihren Bruder geklammert hatte, alle Kraft, und sie stürzte in die Tiefe. Der schmale Meeresarm, in den sie fiel, heißt deshalb zuweilen noch heute »Meer der Helle« oder Hellespont.

Nach diesem Unglück grub Phrixos seine Finger noch fester in das Fell des goldenen Widders und gelangte in einer langen Luftreise glücklich nach Aia, der Haupstadt des Landes Kolchis. Dort herrschte der grausame König Aiëtes, der den goldenen Widder als willkommenes Göttergeschenk ansah. Der wunderbare Widder aber, der der menschlichen Sprache mächtig war, verlangte von Phrixos, dass er selbst ihn zu Ehren der Götter opfere. Und so geschah es: Phrixos opferte den göttlichen Widder, aber Aiëtes nahm sein goldenes Fell an sich und heftete es an eine Eiche in einem dem Kriegsgott Ares geweihten heiligen Hain. Zur gleichen Zeit erschien der Widder nach göttlichem Ratschluss als Sternbild am Himmel, wo er noch heute zu sehen ist.

Aiëtes war zunächst freundlich zu dem edlen Phrixos, der ihm das Goldene Vlies verschafft hatte, und verheiratete ihn mit einer seiner Töchter, von der dieser vier Söhne hatte. Als Aiëtes aber von einem Orakel erfuhr, dass er durch die Hand eines Fremden sterben werde, ließ er Phrixos umbringen.

Von diesem Orakelspruch wusste aber auch Jasons missgünstiger Onkel Pelias, und er rechnete fest damit, dass Aiëtes auch seinen Neffen Jason umbringen würde, sobald er als Fremder nach Aia gelangte – wenn er denn überhaupt die gefährliche Reise nach Kolchis bestünde.

DIE ARGO UND DIE ARGONAUTEN

Die Aufgabe, die Pelias Jason gestellt hatte, nämlich im fernen Kolchis das Goldene Vlies zu rauben, gefiel dem jungen Helden ungemein. Dies war ein Abenteuer, in dem er sich bewähren und als großer König erweisen konnte! Er beauftragte den berühmten Schiffszimmermann Argos, ihm ein Schiff zu machen, wie es noch keines

gegeben hatte, und rief die berühmtesten Helden Griechenlands dazu auf, ihn bei seinem Abenteuer zu begleiten. Pallas Athene selbst, die kunstfertige Göttin, half dem Argos bei seiner Arbeit und gab ihm ein sprechendes Stück Holz, das er im Bug des Schiffes einbaute; indessen eilten aus ganz Griechenland die größten Helden herbei, denn noch keinen von ihnen hatte ein Abenteuer in ein so fernes unbekanntes Land geführt, wie es das Ziel der Argo war. Der gewaltige Herakles war unter ihnen, und ihn wollten die Übrigen sogleich zu ihrem Anführer wählen. Doch der Zeussohn lehnte ab und verwies zu Recht darauf, dass Jason den Anstoß zur gemeinsamen Fahrt gegeben hatte. Jason blieb also der Kapitän der Argo. Auch der große Theseus wollte die große Fahrt nicht versäumen und eilte zum thessalischen Strand, wo Argos gerade letzte Hand an sein Schiff legte. Göttlicher Abkunft wie Herakles und Theseus waren auch die Zeussöhne Kastor und Polydeikes, die Brüder der schönen Helena, und ein anderes Brüderpaar: Zetes und Kalaïs, die Söhne des Boreas, der Gottheit des Nordwinds. Peleus, der Vater Achills, des größten der griechischen Helden vor Troja, war zwar selbst kein Halbgott, aber mit einer Göttin, der schönen Meernymphe Thetis, vermählt, und auch er kam, um an dem Abenteuer teilzunehmen. Die anderen Argonauten, das heißt Argo-Fahrer, waren immerhin Königssöhne – wie der sprichwörtlich scharfsichtige Lynkeus – oder große Seefahrer wie Tiphys, der als Steuermann für die Argo bestellt wurde, und Argos, der Erbauer der Argo. Ein Held ganz anderer Art als diese gewaltigen Krieger und Seefahrer aber war der göttliche Sänger Orpheus.

ORPHEUS UND EURYDIKE

Orpheus ist vor allem durch eine der berühmtesten Liebesgeschichten der Weltliteratur bekannt. Und die geht so: Mit seinem Leierspiel und seinem Gesang vermochte Orpheus nicht nur die Menschen in Bann zu schlagen; selbst die wildesten Tiere hörten ihm andächtig zu. Seine Musik betörte auch die wunderschöne Nymphe Eurydike, und sie folgte ihm und wurde seine geliebte Frau. Eurydikes Schönheit brachte es mit sich, dass auch andere Männer sie begehrten und zuweilen hartnäckig verfolgten. Auf der Flucht vor einem zudringlichen Verehrer trat Eurydike, in ihrer Eile unachtsam, eines Tages auf eine giftige Schlange und starb an ihrem Biss. Orpheus war untröstlich über den Verlust seiner Gattin und zögerte nicht, in die Unterwelt zu eilen, um sie noch einmal zu sehen. Als die Schatten der Verstorbenen dort seinen Gesang vernahmen, legten sie ihre Arbeit nieder und lauschten. Selbst die finsteren Herrscher der Unterwelt, Hades und seine Gemahlin Persephone, konnten nicht umhin, den traurigen Weisen des Orpheus zuzuhören. Vielleicht waren sie selbst gerührt, vielleicht wollten sie auch nur, dass die Schatten – ihre Untertanen – ihren gewohnten Tätigkeiten wieder nachgingen; jedenfalls erklärten sie, dass Orpheus seine geliebte Eurydike wieder ans Tageslicht zurückbringen dürfe. Allerdings knüpften sie eine Bedingung an diese einmalige Gunst: Orpheus solle sich nicht nach seiner Frau umwenden, bevor er mit ihr seine Heimat erreicht habe, und wenn er dieser Weisung nicht nachkomme, sei Eurydike auf immer der Unterwelt geweiht.

Es kam, wie es kommen musste, denn niemals ist ein Schatten aus der Unterwelt befreit worden. Orpheus führte seine Eurydike aus der Unterwelt ans Licht, aber weil er sich nicht sicher war, dass sie ihm wirklich folgte, wandte er sich nach ihr um – und sogleich entschwand sie unwiderruflich wieder ins Reich der Schatten.

Seitdem trauerte Orpheus um seine Geliebte, aber gerade das Traurige, das seiner Musik nun innewohnte, berührte Götter, Menschen und Natur nur noch mehr.

Neben seiner Leier wusste Orpheus aber auch sein Schwert zu handhaben, und als Sänger wie als Krieger gleichermaßen genoss er unter den Argonauten besondere Achtung.

DIE ARGONAUTEN AUF LEMNOS

Als die Argo mit allen Helden an Bord in See stach, ließ das sprechende Holz am Bug einen Schrei des Triumphes vernehmen. Mit geblähten Segeln gelangte das Schiff bald zu der Insel Lemnos, wo die Argonauten frischen Proviant an Bord nehmen wollten. Als sie im Hafen der Insel landeten, sahen sie nur Frauen, die sogleich vor ihnen die Flucht ergriffen. Erst später erfuhren sie, warum das so war. Die Lemnierinnen hatten nämlich den Kult der Liebesgöttin Aphrodite vernachlässigt, und die hatte sie deshalb mit einem üblen Geruch geschlagen. Ihre Männer wollten nun nichts mehr von ihnen wissen, sondern warben um Frauen vom nahegelegenen thrakischen Festland, die sie auf die Insel brachten. Empört über die Untreue ihrer Ehemänner, brachten die Lemnierinnen darauf ihre Männer samt ihren fremden Geliebten um, lebten hinfort aber in Angst davor, dass die Thraker kämen, um ihre Töchter und Schwestern zu rächen, und ängstigten sich vor jedem Schiff, das ihren Hafen anlief.

Die Argonauten versuchten die Lemnierinnen davon zu überzeugen, dass sie keine Thraker waren und nichts Böses gegen sie im Schilde führten. Sie baten sie nur darum, ihnen zu erlauben, dass sie ihre Vorräte ergänzten. Immer noch misstrauisch, berieten sich die Frauen. Die klügste unter ihnen aber gab den Rat, die Ankunft der fremden Männer als Geschenk des Himmels anzusehen, denn ohne Kinder würden sie in einigen Jahren als alte Frauen allein die Feldarbeit machen müssen, bevor die ganze Insel entvölkert wäre. Um aber Kinder zu bekommen, bräuchten sie Männer. Das leuchtete allen ein, und so luden die Lemnierinnen die Argonauten in ihre Stadt und in ihre Häuser ein. Jason, der in den Palast der Königin gebeten wurde, machte jedoch – gegenüber den Frauen wie gegenüber seinen ob so großer Gastfreundschaft jubelnden Kameraden – deutlich, dass ihr Aufenthalt nur von kurzer Dauer sein könne.

Nach einigen Tagen erinnerte Herakles, der auf dem Schiff zurückgeblieben war, denn zu dieser Zeit machte er sich nicht viel aus Frauen, die Argonauten daran, dass sie noch ein anderes Ziel hatten, und nach und nach begaben sich die Helden wieder auf ihr Schiff, setzen Segel und fuhren guten Muts gen Norden.

Neun Monate später aber gebaren zahlreiche Lemnierinnen Töchter und Söhne, und die Gefahr, dass die Inselbevölkerung ausstürbe, war ein für alle Mal gebannt.

DIE ARGONAUTEN BEI DEN DOLIONERN

Die Argo passierte die Meerenge des Hellespont, in die Helle einst von dem fliegenden goldenen Widder herabgestürzt war, und gelangte ins Marmarameer. Bald fanden die Argonauten eine Bucht, in der sie gut landen konnten, und gingen an Land, in der Hoffnung, auf Gastfreunde zu stoßen. Die fanden sie in der Tat bei dem freundlichen Volk der Dolioner. Ihr König Kyzikos bewirtete Jason und seine Mannschaft großzügig, vergaß allerdings, sie vor den Riesen zu warnen, die in der Nachbarschaft wohnten. Diese konnten den Dolionern nichts anhaben, weil sie unter göttlichem Schutz standen, fielen aber in der Hoffnung auf Beute umso lieber über die Griechen her, als diese wieder zu ihrem Schiff gelangen wollten. In einem heldenhaften Kampf überwanden die Argonauten die ungeschlachten Naturwesen und stachen in See. Bald aber – es dämmerte bereits – erhob sich ein widriger Wind, und die Argonauten mussten zusehen, dass sie in der Dunkelheit einen Hafen fanden. Endlich gelangten sie zu einer Bucht, wo sie die Argo an Land ziehen konnten. Doch nahebei befand sich eine Stadt, deren Bewohner die Argonauten für Seeräuber hielten. Aus der Stadt stürmten Bewaffnete zum Hafen und lieferten den Argonauten ein heftiges Gefecht. Erst als es Jason gelang, mit seinem Speer den Anführer der Angreifer zu töten, flaute der Kampf ab, und die Griechen zogen sich hinter den eilends aufgeschütteten Wall um ihr Schiff zurück.

Als der Morgen graute, mussten die Argonauten erkennen, dass der Wind sie zu den Dolionern zurückgetrieben hatte und dass Jason ausgerechnet den gastfreundlichen Dolionerkönig Kyzikos getötet hatte. Wie die Griechen waren auch die Dolioner untröstlich, dass sie in der Nacht ausgerechnet gegen ihre Freunde gekämpft hatten. Gemeinsam bereiteten also Griechen und Dolioner dem Kyzikos ein prächtiges Leichenbegängnis, und reich beschenkt fuhren die Argonauten ein zweites Mal davon.

DIE ARGONAUTEN LASSEN HERAKLES ZURÜCK UND GELANGEN ZU DEN BEBRYKERN

Noch immer erlaubten die Winde den Argonauten nicht, das Segel zu setzen, und so mussten sie sich kräftig in die Riemen legen. Herakles indes tat dies mit so viel Macht, dass sein Ruder zerbrach, und so mussten die Argonauten erneut an Land gehen, damit Herakles sich ein neues Ruder schnitzen konnte.

Mit Herakles verließ aber dessen geliebter Diener Hylas das Schiff, und während er nach einem geeigneten Baum für sein Ruder suchte, zogen die Nymphen eines Teichs den schönen Jüngling zu sich auf den Grund. Herakles suchte Tag um Tag vergeblich nach dem Geliebten, während die Argonauten ungeduldig wurden, denn endlich hatte sich ein günstiger Wind erhoben. Es waren die Boreassöhne Zetes und Kalaïs, die die Argonauten überredeten, ohne Herakles weiterzufahren. So geschah es, aber Herakles sollte den Boreassöhnen nie die Schmach verzeihen, die sie ihm angetan hatten: Als er ihnen viel später wiederbegegnete, erschlug er sie.

Ohne Herakles also fuhren die Argonauten weiter und gelangten an das Gestade der Bebryker. Der König dieses Barbarenvolks, Amykos, hatte die schlechte Angewohnheit, vorbeifahrende Fremde zu einem Faustkampf herauszufordern und dabei zu töten. Es war Polydeikes, einer der Dioskuren, der mächtigen Zeussöhne, der die freche Herausforderung des Amykos annahm. Beide Gegner umwickelten ihre Fäuste mit Lederriemen, und dann begann ein langer Kampf, in dem keiner den anderen zu besiegen vermochte. Amykos war der Schwerere, Polydeikes dafür der Behändere. Wenn einer von beiden vor Erschöpfung eine Pause einlegte, nutzte auch der andere die Gelegenheit, um Atem zu holen, versuchte dann aber mit einem überraschenden Schlag, den Gegner zu treffen. So holte Amykos irgendwann zu einem schweren Schlag aus, doch Polydeikes kam ihm zuvor und brach ihm den Schläfenknochen, worauf der Bebryker leblos zusammenbrach.

Die Bebryker wollten nun sogleich über den Sieger herfallen, um ihren Anführer zu rächen, doch die Argonauten verjagten sie in einem heldenhaften Kampf. Dann trieben sie so viel vom Vieh der Bebryker zusammen, wie sie als Reiseproviant gebrauchen konnten, und fuhren weiter.

Bald gelangten sie in die Meerenge des Bosporus, in dessen tückischen Strömungen sie unweigerlich Schiffbruch erlitten hätten, wenn sie nicht den erfahrenen Seefahrer Tiphys als Steuermann gehabt hätten.

PHINEUS WEIST DEN ARGONAUTEN DEN WEG

In der Stadt Salmydessos machten die Argonauten halt, denn diese wurde von dem weisen König Phineus beherrscht, der mit den Boreassöhnen Zetes und Kalaïs verschwägert war. Phineus empfing die Argonauten als Freunde; umso betrübter waren diese, als sie sahen, dass der König blind und völlig abgemagert war. Mit seiner Erblindung, so erfuhren sie, hatte der König, wie es nicht selten vorkam, die Sehergabe erhalten, und er hatte sie für die Menschen genutzt, indem er ihnen frühzeitig die Pläne des Zeus eröffnete. Der Gott aber war darüber so zornig, dass er Phineus die Harpyien schickte, grässliche Vögel, die bei jeder seiner Mahlzeiten vom Himmel herabstießen und ihm das Beste seiner Nahrung wegschnappten; was sie aber übrig ließen, besudelten sie mit ihrem Kot.

Die Argonauten beschlossen, dem blinden König zu helfen; sie bereiteten ihm ein Mahl und hieben auf die Harpyien ein, die sich sogleich einstellten. Erschrocken flatterten die Vögel auf, und die Windssöhne Zetes und Kalaïs verfolgten sie so lange durch die Lüfte, bis sie erschöpft auf der Erde landeten. Nun hätten die göttlichen Geschwister ihnen unweigerlich den Garaus gemacht, wenn nicht Iris, die Botin des Zeus, dazwischengegangen wäre und ihnen im Namen des Götterherrschers befohlen hätte, von den Harpyien abzulassen. Iris versprach den Boreassöhnen aber auch, dass die schrecklichen Vögel Phineus künftig in Ruhe lassen würden. Als die Boreassöhne mit dieser guten Kunde nach Salmydessos zurückkehrten, hatten die Argonauten Phineus bereits gebadet und gut bewirtet. Der aber hatte sich dafür mit gutem Rat für ihre weitere Reise bedankt. Vor allem hatte er ihnen gesagt, wie sie den Symplegaden, das heißt, den Gegeneinanderschlagenden entgehen konnten, zwei schwimmenden Felsen, die am Ausgang des Bosporus zum Schwarzen Meer noch immer verhindert hatten, dass ein Schiff das offene Meer erreichte, weil sie jedes, das den Versuch unternahm, zwischen sich zerquetschten.

DIE SYMPLEGADEN GEBEN DEN ARGONAUTEN DEN WEG NACH KOLCHIS FREI

Als die Argonauten die Symplegaden erreichten, ließen sie eine Taube fliegen, um zu sehen, ob sie den Weg zwischen den Felsen fände. Und tatsächlich, die Taube gelangte lebendig ins Freie; nur eine ihrer Schwanzfedern blieb zwischen den zusammenschlagenden Felsen hängen. Das war ein gutes Zeichen, und als sich die Felsen wieder auseinanderbewegten, legten die Argonauten sich mit Macht in die Riemen. Doch als sie mitten zwischen den Felsen waren, begannen diese bereits, sich wieder aufeinander zuzubewegen. Und sie hätten die Argo trotz der verzweifelten Anstrengungen der Ruderer wie ein Nussknacker zusammengequetscht, wenn nicht Athene selbst dem Schiff einen kräftigen Schubs gegeben hätte. Als die Felsen krachend zusammenstießen, erwischten sie gerade noch die letzte Planke am Heck der Argo, das Schiff aber eilte stolz davon. Von nun an war der Zauberbann der Symplegaden gebrochen; die Felsen verbanden sich mit dem Festland, und der Weg durch den Bosporus ins Schwarze Meer stand allen Schiffen offen.

Das sprechende Holz im Bug der Argo jubelte, und befreit atmeten die Argonauten auf, denn nach der Weissagung des Phineus sollte kein großes Hindernis mehr den Weg nach Kolchis verstellen. Bei ihrem nächsten Landgang opferten die Argonauten dankbar den Göttern, und Orpheus, der große Sänger, verzückte die Unsterblichen und die Menschen gleichermaßen mit seinen Preisgesängen und stiftete so eine Nähe zwischen ihnen, die sich noch als sehr hilfreich erweisen sollte.

Entlang der Nordküste Kleinasiens fuhren die Argonauten nun nach Osten; sie mieden das Land der kriegerischen Amazonen und landeten schließlich auf einer Insel vor der kleinasiatischen Küste. Dort gingen sie an Land, denn dies hatte ihnen der Seher Phineus empfohlen.

Bald schon mussten sie allerdings daran zweifeln, ob Phineus ihnen einen guten Rat gegeben hatte, denn auf der Insel hausten Vögel, die aus ihrem Gefieder Federn schüttelten, die wie metallene Pfeile nach unten schnellten und jeden verletzten, der nicht achthatte. Nachdem das erste dieser Geschosse einen der Gefährten an der Schulter getroffen hatte, bedeckten die Argonauten sich mit ihren Schilden, auf die der Pfeilregen nun niederging, ohne weitere Opfer zu fordern. Einige Mutige gingen aber, mit ihren Schilden über dem Kopf, auf die Insel, schossen einige der Vögel ab und verscheuchten die übrigen, indem sie mit ihren Schwertern und Schilden einen schrecklichen Lärm machten, so wie es seinerzeit Herakles getan hatte, als er die Stymphalischen Vögel aus ihrem Sumpf vertrieb. Nachdem die Vögel fortgeflogen waren, suchten die Griechen die Insel ab und stießen auf vier nackte Männer, die halb verhungert waren, weil sie sich wegen der Vögel nicht auf Nahrungssuche hatten begeben können. Schiffbrüchige seien sie, sagten sie aus, die auf dem Weg von Kolchis in ihre griechische Heimat hier gestrandet seien. Auf nähere Nachfrage erklärte der Älteste – der sich Argos nannte, wie der Erbauer der Argo –, dass sie die Söhne des Phrixos seien, die in Griechenland ihr Erbe hätten antreten wollen. Jason erkannte nun, warum Phineus gewollt hatte, dass sie hier an Land gingen: Die Argonauten sollten die Schiffbrüchigen retten, damit sie ihnen von Kolchis berichteten und ihnen zum Goldenen Vlies verhalfen.

Die Auskunft, die die von den Argonauten geretteten Männer über Kolchis gaben, war freilich niederschmetternd: Aiëtes, der König, sei ein grausamer Mann, so berichteten sie, er hasse alle Fremden und würde niemals freiwillig das von einem mächtigen Drachen bewachte Goldene Vlies herausgeben.

Nur mit Mühe gelang es den Argonauten, die Phrixossöhne zu bewegen, mit ihnen nach Kolchis zu fahren; aber diese mussten einwilligen, denn es war ihre einzige Möglichkeit, von der Insel fortzugelangen.

JASON VERLANGT VON AIËTES DAS GOLDENE VLIES

Die Argonauten setzten wieder die Segel, und schon bald sahen sie in der Ferne die mächtigen Berge des Kaukasus, an deren Fuß die Kolchier wohnten. Hier gingen sie bei deren Hauptstadt Aia an Land, und die Söhne des Phrixos führten Jason und seine engsten Gefährten zum prächtigen Palast des Aiëtes. Der hartherzige König ahnte, dass die Fremden unter göttlichem Schutz standen, und bewirtete sie nach den Gesetzen der Gastfreundschaft mit einem prächtigen Mahl. Und als Jason freiheraus das Goldene Vlies verlangte und dafür anbot, den Kolchiern im Kampf gegen ihre Feinde zu helfen, sagte er nicht nein, sondern willigte zum Schein ein, knüpfte aber sein Einverständnis an eine schier unlösbare Bedingung: Jason solle die feuerspeienden ehernen Stiere, die er in seinen Ställen hielt, unters Joch spannen und mit ihnen ein Feld pflügen; in die frisch aufgeworfenen Furchen aber solle er die Drachenzähne säen, die er ihm geben werde. Dies war die Hälfte der Zähne des dem Ares heiligen Drachen, den Kadmos, der Gründer der Stadt Theben, einst erlegt hatte. Während Kadmos die eine Hälfte der Zähne ausgesät und mit den bewaffneten Männern, die daraus erwuchsen, seine neugegründete Stadt bevölkert hatte, war die andere Hälfte auf wundersame Weise nach Kolchis gelangt. Und nun sollte Jason den Kampf mit den Bewaffneten bestehen, die aus der Drachenzahnsaat sogleich emporwachsen würden.

Niedergeschlagen, weil er nicht wusste, wie er diese Herausforderung bestehen sollte, begab sich Jason mit seinen Gefährten wieder zu seinem Schiff. Er hatte keine Ahnung, wie er sein Ziel erreichen konnte, nicht einmal, wie er mit seinen Gefährten heil nach Hause gelangen sollte.

Unterdessen hatten aber die strahlende Athene und die mächtige Hera auf dem Olymp Rat gehalten, wie sie dem Jason helfen konnten. Sie sahen sich als Schutzgöttinnen der Argonauten an – Athene, weil sie schon seit dem Bau der Argo ihr Abenteuer begleitete, und Hera, weil sie Pelias, dem unrechtmäßigen König von Iolkos, zürnte, der ihren Kult vernachlässigte, und lieber Jason an seiner Stelle gesehen hätte. Beide wollten dem Jason das Goldene Vlies und damit die Königsherrschaft in Iolkos verschaffen, aber beide wussten auch, dass sie mit großer Vorsicht ans Werk gehen mussten, denn sie durften den mächtigen Sonnengott Helios, den Vater des Aiëtes, nicht gegen sich aufbringen. Nur eine List könne ihnen helfen, beschied Hera und bat Aphrodite, die Göttin der Liebe, um Hilfe. Die sandte ihren Sohn Eros aus, und der schoss einen seiner Liebespfeile just in dem Moment, als Jason von Aiëtes kühn das Goldene Vlies forderte, in das Herz von Aiëtes' Tochter Medea. Und Medea entbrannte in Liebe für den stolzen Anführer der Griechen.

MEDEA HILFT JASON, DAS GOLDENE VLIES ZU ERLANGEN

Es war Argos, der Sohn des Phrixos, der, ohne es zu wissen, Medea der Erfüllung ihrer Sehnsucht näherbrachte. Was er aber wusste, war, dass die Tochter des Aiëtes so manchen Zauber kannte und den Griechen behilflich sein konnte. Also tröstete er den niedergeschlagenen Jason und begab sich in den Palast, den er ja gut kannte, zu Medea. Er staunte, wie leicht er die schöne Königstochter zu einem geheimen Treffen mit Jason überreden konnte. Aber sein Mut sank, als er, während er sich aus der Stadt schlich, bemerkte, dass Aiëtes sein Volk gegen die fremden Seeräuber aufhetzte; Aiëtes hatte, so hörte er, seinen Leuten versprochen, die Fremden samt ihrem Schiff den Göttern als ein gewaltiges Brandopfer darzubringen.

Im Morgengrauen des nächsten Tages traf Jason Medea in einem Heiligtum außerhalb der Stadt. Er schmeichelte ihr mit freundlichen Worten, aber das war gar nicht nötig, denn die Königstochter war bereit, alles für ihren Geliebten zu tun. Und als Jason Medea versprach, sie als seine Braut mit nach Griechenland zu nehmen, gab sie ihm, ohne zu zögern, eine Zaubersalbe, die aus dem Sud einer im Blut des am nahen Kaukasus gefesselten Titanen Prometheus getränkten Pflanze hergestellt war.

Mit frischem Mut trat Jason nun vor Aiëtes und nahm von ihm den Beutel mit den Drachenzähnen in Empfang.

Am nächsten Morgen opferte er den Göttern und rieb seinen Körper und seine Waffen mit Medeas Zaubersalbe ein – und sogleich fühlte er, wie ihm gewaltige Kräfte zuwuchsen. Die Argonauten ruderten nun zu dem Feld, wo die Probe stattfinden sollten, und fanden dort fast alle Bewohner der Stadt Aia samt ihrem König versammelt.

Kaum hatte Jason das Feld betreten, rannten schon zwei wutschnaubende eherne Stiere, deren Nüstern Feuer spien, auf ihn zu. Nach kurzem heftigen Kampf zwang der Held die schrecklichen Tiere unter das Joch und brachte sie dazu, den bereitstehenden Pflug zu ziehen. Nach einem halben Tag hatte er mit ihnen den riesigen Acker durchpflügt. Nun spannte er die erschöpften Tiere aus und säte die Drachenzähne. Sogleich wuchsen bewaffnete Männer aus der Erde, zuerst mit den Köpfen, dann mit dem Leib und schließlich bis zu den Füßen. Die ganz aus der Erde Herausgewachsenen suchten alsbald nach einem Gegner und wären unweigerlich auf Jason losgegangen, wenn der nicht, so wie Medea ihm geraten hatte, einen großen Stein zwischen sie geworfen hätte. Die Bewaffneten bezichtigten sich nun gegenseitig, den Stein geworfen zu haben, und machten einander in einem schrecklichen Gemetzel den Garaus. Die, die noch nicht ganz aus der Erde gewachsen waren, tötete Jason unterdessen mit seinem Schwert.

Als der Abend herbeikam, hatte Jason die Aufgabe erfüllt, die Aiëtes ihm gestellt hatte, und war überdies mit heiler Haut davongekommen. Doch der König dachte nicht daran, sein Versprechen einzulösen und Jason das Vlies auszuhändigen. Stattdessen beriet er sich in seinem Palast mit seinen Getreuen, wie er die Griechen verderben könne.

Medea blieb dies nicht verborgen, und so schlich sie sich zur Argo und zeigte Jason durch die Nacht den Weg zu dem heiligen Hain des Ares, in dem der Drache das Goldene Vlies bewachte. Mit ihren Zaubermitteln schläferte sie das Untier ein, und nun konnte Jason die begehrte Beute von den Nägeln reißen, mit denen Phrixos sie einst an die heilige Eiche geheftet hatte. Nun eilten Jason und Medea mit dem teuren Vlies zur Argo, und so schnell wie möglich ruderten die Argonauten aufs offene Meer hinaus.

DIE ARGONAUTEN FLIEHEN AUS KOLCHIS

Stunden später wurde der Raub des Vlieses und der Königstochter in Aia ruchbar, und sogleich schickte Aiëtes eine ganze Flotte von Schiffen aus, die Argo zu verfolgen. Als sich die feindlichen Schiffe der Argo näherten, riet Medea zu einer teuflischen List: Die Argonauten sollten ihren Stiefbruder, den Sohn des Aiëtes, den die Argonauten als Geisel an Bord genommen hatten, töten, zerstückeln und die Leichenteile ins Meer werfen. So geschah es. Die Kolchier mussten die einzelnen Teile des Leichnams aus dem Meer fischen, um ein würdiges Leichenbegängnis für den Königssohn zu ermöglichen, und wurden dadurch in der Verfolgung der Argo zurückgeworfen.

Trotzdem konnten die Kolchier den Bosporus für die Griechen sperren, sodass die Argonauten die Donau hinaufrudern mussten, um vom Oberlauf dieses Flusses wieder in die Adria und somit ins Mittelmeer zu gelangen.

MEDEA VERHILFT JASON ZU GROSSER MACHT

Nach manchen Monaten erreichte die Argo endlich das thessalische Ufer, und Jason eilte mit seiner zauberkundigen Braut nach Iolkos, wo er Pelias das Goldene Vlies präsentierte und von ihm das Königtum verlangte. Pelias aber dachte nicht daran, sein Versprechen einzulösen.

An eine gewaltsame Einnahme der Stadt war nicht zu denken, denn die meisten der Argonauten waren inzwischen in ihre Heimat zurückgekehrt. Doch Jason hatte ja noch eine geheime Waffe: die Zauberkunst seiner Frau. Medea machte sich anheischig, den alternden König verjüngen zu können, und um ihre Zauberkunst zu beweisen, zerteilte sie vor den Töchtern des Pelias einen alten Schafbock und warf die Stücke in einen Kessel, aus dem alsbald ein Lämmchen wieder heraussprang. Die Töchter des Pelias waren begeistert und überredeten ihren Vater, sich von ihnen ebenfalls zerstückeln und von Medea verjüngen zu lassen. Doch diesmal versagte der Zauber Medeas – weil sie ihn nicht ausüben wollte. Pelias blieb zerstückelt, und seine eigenen Töchter hatten die Schuld dafür auf sich geladen.

Nach dem Tod des Pelias erlangte Jason mit Leichtigkeit die Herrschaft über Iolkos, doch dies genügte ihm nicht. Als er davon hörte, dass Korinth – eine weit bedeutendere Stadt als Iolkos – nach einem neuen König suchte, weihte er das Goldene Vlies dem Zeus und begab sich in diese volkreiche Stadt. Und die Korinther machten ihn sogleich zu ihrem König, denn der Ruhm seiner Taten war ihm vorausgeeilt.

JASON VERLÄSST MEDEA, UND DIE RÄCHT SICH BITTER

Zehn Jahre lang herrschte Jason mit Medea an seiner Seite glücklich über das reiche Korinth. Dann aber verliebte er sich in eine Jüngere: Glauke, die Tochter des Königs Kreon von Theben, und wollte sie heiraten.

Medea war darüber in ihrem Stolz zutiefst getroffen; sie war voller Hass auf ihren treulosen Gemahl und auf seine junge Geliebte. Aber sie tat, als stehe sie über den Dingen, und sandte Glauke ein prächtiges Gewand als Hochzeitsgeschenk. Sie hatte indes einen bösen Zauber hineingewebt, denn als Glauke in ihrer jugendlichen Eitelkeit das Gewand anlegte, ging es in lodernde Flammen auf. Daraus wurde eine Feuersbrunst, die Glauke und die gesamte Hochzeitsgesellschaft bis auf Jason verbrannte.

Damit war aber der Rachedurst Medeas noch nicht gestillt. Rasend vor Eifersucht, brachte sie die Kinder um, die sie Jason geboren hatte.

Jason zog sich nun, einsam und hoffnungslos geworden, an jenen Ort bei Korinth zurück, wo er einst die Argo, nachdem sie ihren Dienst getan hatte, dem Meeresgott Poseidon geweiht hatte. Hier zogen die Abenteuer seiner Jugend noch einmal an seinem Geist vorüber. Und wie wenn sich die Götter seiner erbarmt hätten, löste sich ein Balken von dem verrottenden Schiff und erschlug ihn.

Medea aber fuhr auf einem von geflügelten Schlangen gezogenen Zauberwagen nach Athen, wo ihr Ägeus, der Vater des Theseus, Asyl gewährt hatte. Sie gebar Ägeus einen Sohn, Medos, den sie zum Thronfolger in Athen machen wollte. Als aber Theseus, Ägeus' Erstgeborener, diesen Plan zunichte machte, floh sie zurück nach Kolchis. Hier, in ihrer Heimat, wurde sie als mächtige Zauberin verehrt, und ihr Sohn Medos wurde zum König von Kolchis und zum Stammvater der Meder oder Perser, die später zu den mächtigsten Feinden der Griechen werden sollten.

Theseus war der größte Held der Athener, denn er war unter den Königen aus der grauen Vorzeit ihrer Stadt, denen sie immer ein ehrfürchtiges Angedenken bewahrten, der gewaltigste. Vor allem als Bezwinger des grässlichen Minotauros in seinem Labyrinth wurde er gerühmt.

Theseus war der Sohn eines anderen großen Königs aus der alten Zeit Athens, des Ägeus. Oder auch nicht – darüber konnten sich die alten Dichter nicht einigen. Und damit hatte es folgende Bewandtnis:

WIE THESEUS AUF DIE WELT KAM

Ägeus, der König der Athener, herrschte schon seit langer Zeit über ihre mächtige Stadt und das weite Land, das dazugehörte; doch zu seinem Glück fehlte ihm ein Sohn, an dem er sich freuen und der seine Nachfolge antreten konnte. Deshalb begab er sich zum Orakel nach Delphi, um dort Rat zu erhalten.

Das Orakel machte ihm Hoffnung, warnte ihn aber auch: Er solle den »Fuß« keines Weinschlauchs öffnen, bevor er wieder in Athen sei. Anderenfalls werde er einen Sohn zeugen, der seinem Leben ein Ende setzen werde.

Ägeus verstand nicht recht, was das Orakel mit dem Fuß gemeint hatte, und begab sich guten Mutes zu seinem Freund, dem König Pittheus von Troizen. Denn von Troizen aus wollte er den kurzen Seeweg über den Saronischen Golf nach Athen antreten.

Vertrauensselig erzählte Ägeus dem Pittheus von dem Orakelspruch, den er erhalten hatte, und der begriff sofort, was er bedeutete: Mit dem »Fuß« konnte nichts anderes als die Ausgussöffnung unten am Weinschlauch gemeint sein, und das Orakel wollte sagen, dass Ägeus außerhalb Athens einen Sohn zeugen würde, wenn er sich betränke.

Pittheus hütete sich, seinem Gastfreund den Sinn des Orakels zu deuten, denn er dachte: »Wenn ich Ägeus betrunken mache und ihn dazu bringe, sich selbst noch mehr Wein vom Fuß des Weinschlauchs zu zapfen, wird er noch vor seiner Rückkehr nach Athen hier bei mir einen Nachfolger zeugen, der Troizen auf lange Zeit mit dem mächtigen Athen verbinden wird.« Dass dieser Nachfolger einst den Tod seines Freundes verursachen sollte, nahm Pittheus nicht so wichtig. Er bewirtete Ägeus reichlich mit Wein und ließ ihn dann das Bett mit seiner Tochter Aithra teilen.

Ägeus genoss die Liebesnacht, bekam aber in seiner Trunkenheit nicht mit, dass die schöne Aithra in dieser Nacht noch einem anderen ihre Gunst gewährte – nämlich niemand Geringerem als dem mächtigen Meeresgott Poseidon.

Nach der Liebesnacht mit Aithra ahnte Ägeus, dass er einen Sohn gezeugt haben könnte, und deshalb führte er seine Geliebte zu einem gewaltigen Stein am Strand, den er anhob und darunter seine Sandalen und sein Schwert verbarg. Darauf bedeutete er Aithra: »Wenn du einen Sohn hast, und der ist imstande, den Stein zu heben und meine Sandalen und mein Schwert an sich zu nehmen, so schicke ihn mit diesen Beweisstücken zu mir nach Athen!«

Tatsächlich gebar Aithra nach neun Monaten einen Sohn, den sie Theseus nannte – und ob er der Sohn des Poseidon oder des Ägeus war, wusste niemand zu sagen.

THESEUS AUF DEM WEG NACH ATHEN

Theseus wuchs auf und wurde, wie es einem Königssohn gebührt, in allen Künsten des Kriegs und des Friedens unterrichtet. Als er sechzehn war, führte ihn seine Mutter zu dem schweren Stein am Strand, unter dem die Sandalen und das Schwert des Ägeus verborgen waren, und erzählte ihm von dem, den sie für seinen Vater hielt. Mit Leichtigkeit hob Theseus den Stein an und nahm an sich, was Ägeus für ihn zurückgelassen hatte. Kaum nach Hause zurückgekehrt, erklärte Theseus seiner Mutter und seinem Großvater, dass er sich nach Athen zu seinem Vater begeben wolle. Pittheus war sich inzwischen zwar nicht mehr sicher, ob Ägeus wirklich der Vater seines Enkels war – denn manche Zeichen sprachen für eine göttliche Herkunft –, doch er hatte nichts dagegen, dass Theseus sich um die Thronfolge in Athen bemühte. Aithra wiederum wusste, das sie ihren Sohn nicht würde zurückhalten können, bat ihn aber inständig, den kurzen und gefahrlosen Seeweg nach Athen zu wählen. Doch Theseus hatte davon gehört, dass Räuber und Ungeheuer die Straßen nach Athen unsicher machten, und brannte darauf, es mit ihnen aufzunehmen; also wählte er den Landweg.

Der erste Unhold, der ihm den Weg vertrat, war ein gewisser Periphetes, ein verkrüppelter Sohn des Schmiedegottes Hephaistos, der sich wegen seiner mächtigen bronzenen Keule für unbezwingbar hielt und sich einen Spaß daraus machte, den Wanderern, die des Weges kamen, den Schädel einzuschlagen. Aus dem Wortgefecht, das Theseus mit Periphetes begann, wurde schnell ein Zweikampf, und den gewann dank seiner Gewandtheit Theseus, der den plumpen starken Periphetes umtänzelte, ihm seine Keule entwand und ihm schließlich mit ihr den tödlichen Schlag versetzte. Mit der von einem Gott geschmiedeten Keule fühlte sich Theseus seinem großen Vorbild, dem Herakles, nun ebenbürtig und schritt munter fürbass. So gelangte er zu der Landenge von Korinth, wo ein Riese, der Fichtenbeuger genannt wurde, der Schrecken der in dieser Gegend zahlreichen wandernden Kaufleute war. Denn dieser hatte die üble Angewohnheit, vorüberkommende Reisende zu bitten, ihm dabei zu helfen, eine große Fichte bis zum Boden hinunterzubiegen; sobald diese aber fest den Baum umklammert hielten, ließ er ihn los, und die Wanderer wurden durch die Luft geschleudert und blieben schließlich zerschmettert am Boden liegen. Dieses Spiel wollte der Fichtenbeuger auch mit Theseus spielen, aber der durchschaute schnell, welch einen Anschlag der Unhold auf ihn vorhatte, und sorgte listig dafür, dass die Rollen vertauscht wurden: Theseus war es, der mit leichter Hand die Fichte bog und den Fichtenbeuger bat, den Baum festzuhalten. Dann ließ er los, und der Fichtenbeuger wurde emporgeschleudert und fand, auf der Erde zerschmettert, den Tod. Als Theseus sich nun umschaute, bemerkte er, dass es jemand gab, der um den Fichtenbeuger trauerte, und das war dessen schöne Tochter Perigune. Er näherte sich ihr, doch sie floh vor dem Mörder ihres Vaters in ein Dickicht und beschwor die Sträucher, sie vor dem fremden Mann zu verbergen. Das taten die freundlichen Pflanzen auch, aber Theseus, der sich auf der Stelle in Perigune verliebt hatte, rief nach ihr in schmeichelnden Worten und gelobte, ihr kein Leid anzutun. Da trat das stolze Mädchen freiwillig aus dem Dickicht heraus. Theseus begegnete ihr zärtlich, und Perigune wurde zu seiner ersten Liebe, die er nie wieder vergaß.

Als Theseus Perigunes Liebe genügend genossen hatte, fand er, dass er weiterwandern müsse, nach Athen, wohin ihn das Schicksal rief. Er verabschiedete sich von der Geliebten, machte sich auf den Weg und begegnete bald schon einem weiteren Unhold, der seiner Reise ein Ende machen wollte. Das war Skeiron, ein starker Räuber, der über einem Felsen am Meer hauste. Skeiron pflegte alle, die des Weges kamen, dazu zu zwingen, ihm die Füße zu waschen. Und während sie das taten, stieß er sie die Klippe hinab ins Meer, wo eine riesige Schildkröte nur darauf wartete, sie aufzufressen. Aber bei Theseus war Skeiron an den Falschen geraten. Theseus bemerkte seine üblen Absichten, packte ihn beim Füßewaschen an den Beinen und schleuderte ihn hinter sich ins Meer.

Scheinbar war der Weg nach Athen für Theseus nun frei, doch im nahegelegenen Eleusis herrschte ein König namens Kerkyon, der ein großer Ringer war und sich an nichts mehr freute, als seinen Gegnern beim Ringkampf das Genick zu brechen. Auch den Theseus forderte Kerkyon zum Ringkampf heraus, denn er kam ihm nicht besonders stark vor. Doch Theseus war gewandter als sein an Körperkraft überlegener Gegner und besiegte ihn. Kerkyon musste sich ihm als dem künftigen König Athens unterwerfen, und dies sollte für Jahrhunderte die Vorherrschaft Athens über Eleusis begründen.

Auf dem verbleibenden Weg nach Athen bot ein Unhold den Reisenden Quartier, der allgemein Prokrustes, das heißt der Strecker, hieß. Seinen Namen hatte er daher, dass er seine Gäste in ein Einheitsbett legte; wenn sie zu lang für das Bett waren, hieb er ihnen einfach die überstehenden Füße ab, wenn sie ihm aber zu kurz vorkamen, streckte er ihre Glieder mittels einer Seilwinde, bis sie lang genug waren. Auch dem Prokrustes ließ Theseus das Schicksal zuteil werden, das dieser seinen Mitmenschen zuzudenken pflegte. Er band ihn an sein Bett und streckte ihn so lange, bis Prokrustes der von ihm bislang geübten Form der Gastfreundschaft abschwor.

Endlich in Athen angelangt, begab sich Theseus sogleich zu König Ägeus, der in seinem Palast auf der Akropolis, hoch über der Stadt, residierte.

THESEUS IN ATHEN

Der Ruhm, die Landstraßen nach Athen von gefährlichem Gesindel gesäubert zu haben, war Theseus vorausgeeilt, und so wurde er von Ägeus überaus freundlich mit einem Festmahl empfangen. Doch der König wusste nicht, mit wem er es zu tun hatte, und Theseus fand es wenig schicklich, ihn gleich mit der Geschichte seiner Herkunft zu überfallen. Ägeus' scharfsinnige Frau Medea dagegen erkannte gleich, wer da mit ihr und ihrem Gatten beim Mahl saß, und sann alsbald auf ein Mittel, Theseus zu beseitigen, denn sie sah in ihm einen gefährlichen Konkurrenten für ihren eigenen Sohn Medos um die Thronfolge in Athen.

Medea war die schöne Zauberin, die Jason mit seinen Argonauten vor Jahren aus dem fernen Lande Kolchis entführt und dann schmählich verlassen hatte. Ägeus hatte sie zu sich nach Athen genommen, da sie ihm versprach, ihm zu dem ersehnten Erben zu verhelfen. Und sie hatte ihr Versprechen gehalten und ihm einen Sohn geboren – eben Medos.

Medea also flüsterte ihrem Mann ein, der Fremde sei gefährlich, weil er nach seinem Thron trachtete. Und da kein König in jener Zeit sich je seiner Herrschaft sicher sein konnte, war Ägeus nur allzu schnell bereit, seiner Frau Glauben zu schenken und seinen vermeintlichen Feind zu vernichten.

Sogleich fiel ihm auch das geeignete Mittel dazu ein: Herakles hatte einst auf Kreta einen wilden Stier einfangen und aufs Festland bringen müssen; und er hatte ihn bei Marathon ausgesetzt, das zum Herrschaftsbereich Athens gehörte. Seitdem verwüstete das Untier dort die ganze Gegend. Manche athenische Helden hatten sich schon bemüht, den Stier unschädlich zu machen, doch sie alle hatten dabei ihr Leben verloren. Ägeus schürte nun die Abenteuerlust und Ruhmsucht des jungen Theseus: Er möge doch bitte das Land von dieser Plage befreien und sich so alle Athener zu Dank verpflichten.

Sofort machte sich Theseus auf, den gefährlichen Stier zu stellen, und tatsächlich gelang es ihm, das mächtige Tier lebend zu fangen und nach Athen zu führen, auf dass der König es den Göttern opfern könne. Er ahnte aber nicht, dass er damit eben den Stier dem Tode zuführte, von dem der Minotauros abstammte, jenes schreckliche Wesen, mit dem er schon bald auf Kreta einen Kampf auf Leben und Tod würde bestehen müssen.

Ägeus blieb nichts anderes übrig, als Theseus, den Überwinder des Stiers von Marathon, zu ehren, doch Medea gönnte dem Fremden keineswegs seinen Triumph. In den Wein der Schale, die Ägeus ihm beim Festmahl feierlich überreichen wollte, hatte sie Gift gemischt. Die Götter aber waren Theseus günstig gesinnt. Sie lenkten Ägeus' Blick gerade in dem Augenblick, als er Theseus die Weinschale übergab, auf das Schwert, das dem Helden des Tages an der Seite hing. Und Ägeus erkannte das Schwert, das er selbst einst bei Aithra zurückgelassen hatte, und da fiel es ihm wie Schuppen von den Augen: Theseus musste sein eigener Sohn sein! Von seinen Gefühlen überwältigt, umarmte Ägeus den Theseus, und die Giftschale fiel zu Boden.

Nachdem Ägeus Theseus als seinen Sohn erkannt hatte, begriff er auch, dass Medea Theseus aus purer Selbstsucht verleumdet hatte, und er verbannte sie aus Athen. Theseus aber wurde sein bester Gefährte, mit dessen Hilfe er alle Anschläge auf seinen Thron siegreich abwehrte.

DER MINOTAUROS

Athen blühte nun auf unter der Herrschaft des Ägeus und seines vielversprechenden Sohnes Theseus. Doch auf der Stadt lag ein alter Fluch: Vor vielen Jahren, als Theseus noch nicht geboren war, hatte der mächtige Kreterkönig Minos die Stadt von seinen Schiffen aus erobert und den Rückzug erst angetreten, als die Athener gelobt hatten, alle neun Jahre sieben Jungfrauen und sieben Jünglinge aus den vornehmsten Familien als Tribut nach Kreta zu schicken, wo sie dem grässlichen Minotauros zum Fraß vorgeworfen wurden, der in dem Labyrinth lebte, das der geniale Dädalus als sein Gefängnis erbaut hatte.

Mit dem Minotauros aber hatte es folgende Bewandtnis: Pasiphaë, die Gemahlin des Minos, hatte sich, von den Göttern verblendet, sterblich in einen prächtigen Stier verliebt – ebenjenen, den Herakles später von Kreta nach Attika bringen und den Theseus dann bei Marathon einfangen sollte.

In ihrer verzweifelten Verliebtheit bat Pasiphaë den klugen Kunsthandwerker Dädalus, der wegen eines Mordes aus Athen geflohen war und auf Kreta Zuflucht gefunden hatte, um Rat, und der konstruierte ein Gestell in Gestalt einer Kuh, bespannte es mit Kuhhäuten und hieß die Königin, sich in das Gestell zu legen und auf den Stier zu warten. Und tatsächlich: Der Stier besprang die künstliche Kuh, und Pasiphaë wurde schwanger. Als sie dann den Minotauros gebar, ein schreckliches Mischwesen, halb Stier, halb Mensch, wurde ihre Schande vor König Minos offenbar. Der gab Dädalus nun auf, den Minotauros in einem Bau zu verbergen, aus dem niemand herausfinden konnte. Da erfand Dädalus ein endloses Gewirr aus verschlungenen und immer wieder blind endenden Gängen – eben das Labyrinth. Dort also hauste der Minotauros. Menschenfleisch war seine Nahrung.

THESEUS UND ARIADNE

Als wieder einmal neun Jahre vergangen waren und sieben junge Männer und sieben Jungfrauen den Seeweg nach Kreta antreten mussten, wo der Minotauros sie verschlingen sollte, schiffte Theseus sich freiwillig mit ihnen ein, um dem Gräuel ein für alle Mal ein Ende zu setzen. Ägeus war zwar stolz auf den Mut seines Sohnes, doch fürchtete er das Schlimmste für ihn. Und weil er so früh wie möglich über Theseus'

Schicksal Gewissheit haben wollte, vereinbarte er mit dem Steuermann des Schiffs, das die Todgeweihten nach Kreta übersetzen sollte, dass er das schwarze Trauersegel, mit dem das Schiff in See stechen würde, gegen ein weißes eintauschen solle, wenn Theseus und seine Gefährten heil zurückkehrten. Als Theseus davon hörte, gelobte er gerührt, selbst dafür zu sorgen, dass alles nach dem Wunsch seines menschlichen Vaters geschehen würde.

Als das Schiff aus Athen sich Kreta näherte, eilte König Minos mit seinen Männern zum Strand, um die Blüte der athenischen Jugend gebührend zu empfangen und sicherzugehen, dass keiner der jungen Athener entkam. Minos war nobel genug, für diese Opferlämmer noch ein Fest auszurichten, bevor sie in den Tod gingen; bei diesem Fest aber verliebte sich Ariadne, Minos' Tochter, in den stolzen Theseus.

Ariadne wusste, dass ihr Geliebter im Labyrinth verloren war, selbst wenn es ihm gelang, den Minotauros zu bezwingen, denn niemals würde er wieder herausfinden. Deshalb nahm sie Dädalus beiseite und bat ihn um Rat. Und der – aus Zuneigung zu der Prinzessin oder weil er als Athener zu den Athenern hielt – verriet ihr, wie Theseus aus dem Labyrinth entkommen könne. Ariadne flüsterte nun Theseus zu, was Dädalus ihr geraten hatte, und gab ihm ein Knäuel mit einem langen rot gefärbten Wollfaden in die Hand.

Am nächsten Morgen begab sich Theseus sogleich zum Labyrinth, befestigte den roten Faden der Ariadne an einem der Eingangspfosten und tastete sich ins Innere des Labyrinths vor. Dort überraschte er den Minotauros und erschlug ihn nach einem heftigen, aber kurzen Kampf mit seinen bloßen Fäusten. Und dank des Ariadnefadens fand er glücklich auch wieder den Weg aus dem Labyrinth heraus. Dort draußen erwartete ihn schon Ariadne und mit ihr die jungen Athener, und gemeinsam eilten sie zu ihrem Schiff. Als sie gerade vom Land abgestoßen hatten, setzten die Kreter bereits zur Verfolgung an; aber wütend entdeckten sie, dass die Athener – auf Ariadnes Rat – Löcher in ihre Schiffe gebohrt hatten, sodass sie alsbald voll Wasser liefen. Voller Zorn mussten sie deshalb mit ansehen, wie das athenische Schiff am Horizont verschwand.

DÄDALUS UND IKARUS

Als Minos davon erfuhr, wie Theseus mit den jungen Athenern und seiner eigenen Tochter entkommen war, schäumte er vor Wut, und der Einzige, an dem er seine Wut auslassen konnte, war Dädalus. Minos wusste, dass Theseus nur mit dessen Hilfe aus dem Labyrinth hatte herausfinden können, und aus Rache sperrte er den klugen Kunsthandwerker mitsamt seinem Sohn Ikarus in dem von Dädalus selbst entworfenen Labyrinth ein.

Doch Dädalus wäre nicht Dädalus gewesen, wenn ihm kein Ausweg aus diesem Gefängnis eingefallen wäre. Das Labyrinth bestand aus hohen Mauern, aber es besaß keine Decke. Also baute Dädalus für sich und seinen Sohn aus Vogelfedern, die er mit Wachs an kräftige Weidengerten klebte, gewaltige Schwingen, die ihnen erlauben sollten, durch die Luft zu entfliehen. Nach einigen Versuchen gelang ihnen auch wirklich der Abflug. Bald schon schwebten sie über dem Meer und steuerten das ferne Sizilien an. Noch unten auf dem Boden allerdings hatte Dädalus seinen Sohn gewarnt: »Denke stets daran, nicht so tief zu fliegen, dass die Wellen deine Flügel benetzen; vor allem aber fliege nicht zu hoch, denn dort oben brennt die Sonne allzu heiß und wird das Wachs schmelzen, das die Federn deiner Schwingen mit ihren festeren Teilen verbindet!« Doch Ikarus war von dem Erlebnis, fliegen zu können, so berauscht, dass er jubelnd immer höher flog, bis das Wachs an seinen Schwingen schmolz und die Federn sich lösten. Dädalus musste nun mit ansehen, wie sein geliebter Sohn ins Meer stürzte. Die Insel, an der wenig später der Leichnam des Ikarus angeschwemmt wurde, heißt heute noch nach ihm: Ikaria.

Dädalus aber gelangte tatsächlich nach Sizilien, wo er sich so nützlich machte, dass der König dieser Insel ihn energisch vor den zahlreichen Nachstellungen des Minos schützte.

ARIADNE AUF NAXOS

Unter den Menschen mochte Theseus als Sohn des Ägeus gelten, doch als er den Minotauros getötet und damit über Minos, den mächtigen Sohn des Zeus und der Europa, triumphiert hatte, war für alle Nachdenklichen deutlich, dass er ein Göttersohn war, nämlich der Sohn des Poseidon. Und nur weil er ein Göttersohn war, hatte er auch die schöne Ariadne, die Tochter des Zeussohns Minos, zu seiner Braut machen können. Doch er war trotz seiner Herkunft ein Sterblicher, und keinem Sterblichen mochten die Götter ein allzu großes Glück gönnen. Als Theseus mit seinem Schiff, auf halbem Weg von Kreta nach Athen, auf der Insel Naxos landete, trennten die Götter deshalb Theseus von Ariadne – sei es, indem sie ihm eingaben, sich in eine andere zu verlieben, sei es, indem sie ihm im Traum bedeuteten, dass er seine Braut einem Mächtigeren überlassen müsse. Wie immer es auch war – Theseus ließ Ariadne auf Naxos zurück und segelte ohne sie weiter nach Athen.

Betrogen, alleingelassen und unglücklich blieb die schöne Ariadne auf Naxos zurück. Bis eines Tages ein Rauschen durch die Luft ging und neben ihr ein von Pantern gezogener Götterwagen zum Stehen kam, der des jungen Dioysos, des Gottes des Weinrauschs. Dionysos sprang vom Wagen, umarmte die schöne Ariadne und nahm sie mit auf seinen Wagen. Fortan war Ariadne die Geliebte dieses mächtigen Gottes.

THESEUS' HEIMKEHR UND KÖNIGTUM

Seit Wochen hielt der alte König Ägeus Tag für Tag oben an der Brüstung der Akropolis Ausschau aufs Meer nach dem Schiff, das ihm, wie er inbrünstig hoffte, seinen Theseus heil wiederbringen würde.

Als das Schiff sich endlich dem Hafen von Athen näherte, war Theseus in Gedanken versunken. Vielleicht kreisten sie um Ariadne, seine verlorene Geliebte, vielleicht dachte Theseus auch an den schrecklichen Minotauros zurück. Jedenfalls vergaß er, Anweisung zu geben, das weiße, Freude verheißende Segel aufzuziehen.

Ägeus erblickte also von fern das schwarze Segel, wurde von einem schrecklichen Schmerz ergriffen und stürzte sich die steilen Klippen hinab. In Erinnerung daran heißt das Meer im Osten Griechenlands bis heute nach Ägeus – das Ägäische Meer.

Als Theseus vor Athen landete, hatte sich die Kunde vom Tod des Königs schon verbreitet, und so mischte sich beim Empfang der Heimgekehrten die Trauer um den toten König mit der Freude um die glückliche Rückkunft der edelsten unter den jungen Athenern.

Durch den Tod des Ägeus wurde Theseus unverhofft bereits jetzt zum König von Athen. Getragen von seiner Beliebtheit beim Volk, setzte er umgehend weitreichende Reformen ins Werk: Er vertiefte das Bündnis zwischen Athen und den Dörfern Attikas und setzte durch, dass eine dauerhafte Regierung die Stadt und das Umland gemeinsam verwaltete; außerdem erweiterte er die Grenzen des athenischen Herrschaftsbereichs.

Auf die Dauer aber mochte sich Theseus nicht mit Regieren abgeben; es dürstete ihn nach neuen Abenteuern. Deshalb nahm er an der gefährlichen Fahrt der Argonauten teil und half Herakles bei manchen seiner Arbeiten.

So begleitete er Herakles auch ins Land der Amazonen. Von dort kehrte Herakles mit dem Gürtel der Amazonenkönigin Hippolyte nach Griechenland zurück; Theseus aber kam mit einer leibhaftigen Hippolyte selbst nach Hause. Dies war nicht dieselbe Hippolyte, die Herakles um ihres Gürtels willen getötet hatte, aber auch sie war eine mächtige Fürstin des kriegerischen Frauenstaats. Sie hatte sich im Kampf mit den Griechen in den strahlenden Theseus verliebt und war mit ihm nach Athen gegangen. Die Amazonen dachten aber, Theseus habe sie mit Gewalt entführt, und verfolgten ihn bis nach Athen. Dort lieferten die wilden Kriegerinnen Theseus und den Athenern eine große Schlacht, vermochten Athen aber freilich nicht einzunehmen. Verzweifelt über den Krieg zwischen ihren Schwestern und ihrem Geliebten, zog sich Hippolyte aus Athen zurück und welkte, von Theseus alleingelassen, irgendwo auf dem Land dahin. Bevor sie starb, gebar sie Theseus aber noch einen Sohn: Hippolytos.

PHÄDRA

König Minos war unterdessen auf Kreta gestorben, und Theseus knüpfte nun freundschaftliche Beziehungen zu dessen Sohn Deukalion an, um Athen vor möglichen neuen Angriffen der Kreter zu schützen. Das Bündnis zwischen Athen und Kreta wurde durch die Hochzeit des Theseus mit Phädra, der Schwester Deukalions – und damit auch der Ariadne – besiegelt. Phädra gebar Theseus zwei Söhne, Demophon und Akamas, die hinfort als die Erben des athenischen Throns galten. Hippolytos, Theseus' Sohn mit der Amazonin Hippolyte, aber sollte als Entschädigung für das ihm entgangene athenische Erbteil nach dem Tod des Pittheus die Königsherrschaft über Troizen erhalten. Damit schien die Herrschaft über Athen für die Familie des Theseus auf lange Zeit gesichert. Doch da wagte Theseus' Onkel Pallas, der Bruder des Ägeus, der auch diesem schon die Königsherrschaft geneidet hatte, mit seinen Söhnen einen Aufstand, und manch einflussreiche Athener Familie stand auf seiner Seite. Theseus unterdrückte die Revolte mit eiserner Hand und tötete Pallas.

Das war vielleicht pure Notwehr, doch straflos konnte ein solcher Verwandtenmord nicht bleiben: Theseus musste für ein Jahr ins Exil gehen und zog sich deshalb zu seinem Großvater Pittheus nach Troizen zurück.

Phädra begleitete ihren Gemahl, und gerade dies sollte sich als verhängnisvoll erweisen. Denn in Troizen lebte auch ihr Stiefsohn Hippolytos, und in diesen schönen Jüngling hatte sie sich schon bei seinem letzten Besuch in Athen sterblich verliebt. Als er damals nach Troizen zurückgekehrt war, hatte sie am Rand der Akropolisburg, dort, wo man bei klarem Wetter die Küste von Troizen erblicken konnte, der Liebesgöttin Aphrodite ein Heiligtum erbauen lassen, und Tag für Tag hatte sie sich voller Sehnsucht nach ihrem Geliebten dorthin begeben.

In Troizen konnte sie Hippolytos nun endlich wieder täglich von Angesicht zu Angesicht sehen, musste aber erfahren, dass der Jüngling nichts mit Frauen im Sinn hatte und nicht im Traum darauf kam, ein Techtelmechtel mit der Frau seines Vaters zu beginnen. Phädra aber verzehrte sich buchstäblich vor Sehnsucht nach Hippolytos: Wie Perlenschnüre liefen ihr die Tränen der Verzweiflung über die Wangen, sie magerte ab und wurde von Tag zu Tag kraftloser. Das bekümmerte ihre alte Dienerin, und die ging zu Hippolytos, ließ sich von ihm völlige Verschwiegenheit versprechen und eröffnete ihm dann, dass ihre Herrin ihn sehnsüchtig liebe. Sie bat ihn inständig, Phädra seine Gunst zu gewähren, und verhieß ihm dafür sogar das Königtum über Athen. Doch Hippolytos blieb unbeeindruckt.

Als Phädra von dieser Abfuhr erfuhr, geriet sie in Raserei und verfluchte den jungen Mann, der sie verschmähte. In ihrer Verzweiflung legte sie schließlich selbst Hand an sich. In der Hand der Toten aber fand Theseus einen Brief: »Ich selbst habe meinem Leben ein Ende gemacht, wegen der Schande, die Hippolytos über mich gebracht hat, indem er mit Gewalt meine Liebe erzwingen wollte«, las er darin.

Theseus war zutiefst empört und beschwor seinen Vater Poseidon, er möge dem Leben seines Sohnes ein Ende setzen, noch bevor die Sonne untergehe. Dann verbannte er Hippolytos, dessen Unschuldsbeteuerungen er keinerlei Glauben schenkte, aus der Stadt.

Als Hippolytos mit seinem Pferdegespann am Abend desselben Tages am Meeresstrand dahinfuhr, um sich ins Exil zu begeben, erfüllte sich der Fluch, den sein Vater ausgesprochen hatte: Poseidon ließ ein Ungeheuer aus dem Meer auftauchen; da scheuten die Pferde des Hippolytos und ließen seinen Wagen umstürzen, und das schwere Gefährt begrub den Unglücklichen unter sich.

Am nächsten Tag aber ging Phädras Dienerin, von Gewissensbissen gepeinigt, zu Theseus und offenbarte ihm die Wahrheit: dass Phädra ihren spröden Geliebten verleumdet hatte, um sich an ihm zu rächen.

So erfuhr Theseus, dass er nicht nur einen getreuen Sohn, sondern zuvor auch schon die Liebe seiner Frau verloren hatte.

DER KAMPF DER LAPITHEN UND DER ZENTAUREN

Seit dem Verrat der Phädra, der seinen Sohn Hippolytos das Leben gekostet hatte, achtete Theseus nicht mehr auf Ehre und guten Umgang. Er wollte sich nur noch vergnügen und ging allen Pflichten aus dem Weg. Und bald traf er dafür auf den richtigen Partner, nämlich Peirithoos, einen Fürsten vom Stamm der Lapithen aus dem vielen Griechen als barbarisch geltenden Thessalien. Theseus und Peirithoos lernten sich kennen, als Peirithoos, der immer auf Raufhändel aus war, mit seinen Kumpanen in Attika einfiel und die Rinderherden raubte, die dort weideten. Auf diese Weise, so hatte es sich Peirithoos überlegt, werde er gewiss den so sagenhaft starken Theseus kennenlernen und sich mit ihm messen können. Es kam, wie Peirithoos geplant hatte: Theseus setzte dem Räuber nach und stellte ihn. Doch als es zum Zweikampf kam, streckten beide, Theseus und Peirithoos, die Waffen, einfach weil sie aneinander Gefallen fanden, und sie wurden die besten Freunde.

Natürlich wurde Theseus zur Hochzeit des Peirithoos mit der schönen Fürstentochter Hippodameia eingeladen. Zu dem Fest ebenfalls geladen waren die Zentauren, die wilden Nachbarn der Lapithen, Menschen mit einem Pferdeleib. Der Wein floss bei dem Fest in Strömen, und die Zentauren konnten ihn nur schlecht vertragen. Übermütig setzte sich der kühnste der Zentauren die schöne Hippodameia auf seinen Pferderücken und suchte sie zu entführen; die anderen Zentauren taten es ihm nach und machten sich daran, mit den übrigen jungen Lapithinnen davonzusprengen. Die Zentauren hatten aber nicht mit Theseus gerechnet, der mit Peirithoos und seinen Lapithen gegen sie antrat und sie schließlich besiegte.

Der Kampf zwischen den Lapithen und den Zentauren ist hinfort für die Griechen ein Symbol für den Kampf zivilisierter Menschen gegen rohe Naturwesen geblieben.

THESEUS' LETZTE ABENTEUER UND SEIN ENDE

Peirithoos war zwar kein halb tierisches Wesen wie die Zentauren, aber als Lapithe war auch er ein wilder Kerl und stiftete seinen Freund Theseus zu weiteren waghalsigen Abenteuern an. So entführten die beiden die wunderschöne Zeustochter Helena, als sie noch ein Kind war. Die Entführung hatte zur Folge, dass Helenas Brüder, die gewaltigen Dioskuren Kastor und Polydeikes, an der Spitze eines spartanischen Heers Athen mit Krieg überzogen und verwüsteten. Sie befreiten Helena, die dann bald die Braut des spartanischen Königs Menelaos wurde, und entführten Theseus' Mutter Aithra, damit sie Helena als Amme diene.

Auch die nächste Unternehmung, zu der Peirithoos Theseus aufforderte, endete in einem Fiasko: Peirithoos hatte sich in den Kopf gesetzt, niemand Geringeres als Persephone, die Gattin des Unterweltsfürsten Hades, zu entführen und zu seiner Braut zu machen. Theseus folgte seinem Freund in die Unterwelt, wo beide gemeinsam den mächtigen Hades kühn aufforderten, seine Frau freizugeben. Hades hörte sich das ruhig an und bewirtete die beiden Helden vorzüglich. Dann aber bewirkte er, dass sie auf ihrer Bank sitzen blieben, wo sie Lethe, der Strom des Vergessens, wie angeklebt festhielt: Die forschen Sterblichen vergaßen, weshalb sie eigentlich hier unten waren, und blieben.

Theseus wäre jetzt schon auf ewig der Unterwelt verfallen gewesen, hätte ihn nicht Herakles auf der Suche nach dem grässlichen Unterweltshund Zerberus in der Halle des Hades angetroffen. Herakles erkannte seinen alten Waffengefährten, rüttelte ihn wach und nahm ihn mit ans Licht; Theseus' Kameraden Peirithoos, der ihm weniger bedeutete, ließ er jedoch in der Finsternis der Unterwelt zurück.

Als Theseus nach Athen zurückkehrte, hatte sich die Stimmung des Volkes gegen ihn gewandt, denn er war es gewesen, der die Spartaner mit den Dioskuren an der Spitze zu einem verhängnisvollen Krieg gereizt hatte, weil er mit seinem Spießgesellen Peirithoos unbedingt die schöne Helena rauben musste; überhaupt, fanden die Athener, habe er der Stadt schon lange kein Glück mehr gebracht, und außerdem sei er viel zu lange abwesend gewesen. Kurz nur ist das Gedächtnis und die Dankbarkeit der Menschen!

Als Theseus erkannte, dass er in Athen nicht länger erwünscht war, wählte er das Exil. Er begab sich auf die Insel Skyros, wo er von Ägeus reiche Güter geerbt hatte. Hier stürzte er eines Tages von einer Klippe und verletzte sich tödlich. Vielleicht war dies ein natürlicher Tod, vielleicht aber hatte auch der König der Insel, eifersüchtig auf Theseus' Ruhm, dabei nachgeholfen.

Als die Kunde von Theseus' Tod sich verbreitete, vergaßen die Athener, was sie ihrem König angetan hatten, und trauerten um ihn, und mit ihnen trauerte ganz Griechenland. Heiligtümer wurden zu Ehren des göttlichen Heroen errichtet, und Theseus, der Bezwinger des Minotauros und mancher anderer Unholde, galt hinfort neben Herakles und Perseus als der größte unter den griechischen Helden.

In der Mitte Griechenlands liegt die fruchtbare Landschaft Böotien, und die Hauptstadt Böotiens war seit jeher das mächtige Theben.

Der Gründer Thebens aber war der Held Kadmos, und Kadmos war Phönizier, Angehöriger jenes klugen Volks von Seeleuten und Händlern, dem die Griechen viele Kenntnisse, darunter die des Alphabets, verdankten. Er war ein Sohn Agenors, des Königs von Tyros, einer Stadt an der asiatischen Küste des Mittelmeers. Kadmos' Schwester aber war Europa, die dem aufstrebenden Erdteil, der für die Asiaten jenseits des Meeres lag, ihren Namen gab.

EUROPA

König Agenor hatte eine Tochter namens Europa, und die war so schön, dass Zeus selbst, der Göttervater, sich in sie verliebte. Und da Zeus wusste, dass Agenor stets ein Auge auf seine schöne Tochter hatte, und vorsichtig sein musste, dass seine eifersüchtige Gemahlin Hera ihm nicht auf die Schliche kam, dachte er sich eine List aus, um sich Europa zu nähern.

Weil sich Europa mit ihren Freundinnen gern auf den Wiesen unterhalb der Burg ihres Vaters mit Ballspiel und Tanz vergnügte, wies er seinen Boten Hermes an, die Rinder der Gegend auf diesen Wiesen zusammenzutreiben. Er selbst aber verwandelte sich in einen mächtigen Stier und mischte sich unter die Herden.

Europa und die anderen Mädchen trieben mit den Rindern ihr Spiel und wurden bald auf den mächtigen Stier aufmerksam, der anscheinend völlig sanftmütig war. Um ihren Freundinnen zu beweisen, dass sie weniger ängstlich war als sie, kletterte Europa keck auf den Rücken des gewaltigen Tiers.

In diesem Augenblick aber erhob sich der Stier und lief mit atemberaubender Geschwindigkeit zum Strand – Europa konnte gar nicht daran denken abzuspringen. Mit ihr auf dem Rücken durchpflügte der Stier das Meer, bis er mit seiner Beute zur Insel Kreta gelangte – die bereits zu dem Erdteil gehört, der bis heute Europas Namen trägt. Dort nahm der Stier – Zeus – menschliche Gestalt an, gestand Europa seine Liebe, legte sich zu ihr und zeugte mit ihr drei Söhne, deren berühmtester Minos war, der erste König von Kreta und Bauherr des berühmten Labyrinths, in dem wiederum ein göttlicher Stier hauste – der grässliche Minotauros, gegen den der athenische Held Theseus kämpfen musste.

KADMOS GRÜNDET THEBEN

Als Agenor merkte, dass seine Tochter Europa entführt worden war, sandte er seine Söhne aus, nach ihr zu suchen. Keiner von ihnen vermochte sie zu finden, doch sie alle gründeten in den Ländern, in die ihre Suche sie verschlagen hatte, mächtige Städte. Die berühmteste dieser Städte aber war Theben, und ihr Gründer war Agenors Sohn Kadmos. Ihn hatte es nach Böotien verschlagen, das damals noch eine von rohen Hirten bewohnte Gegend war. Von einem dieser Hirten erwarb der kluge

Phönizier eine Kuh und trieb sie so lange vor sich her, bis sie erschöpft zu Boden sank. Dies sah er als ein göttliches Zeichen an und beschloss, an dieser Stelle seine Stadt zu gründen. Da eine Stadt aber vor allem gutes Trinkwasser braucht, ließ er seine Gefährten nach einer Quelle suchen. Die kehrten jedoch nicht zurück, denn das Ungeheuer, das die größte Quelle der Gegend hütete, hatte sie verschlungen. Da begab sich Kadmos selbst zu der Quelle und tötete das Ungeheuer. Dieses aber war dem Kriegsgott Ares geweiht, und so musste Kadmos acht Jahre lang dem Gotte dienen, um für seinen Frevel zu büßen, bevor er seine Stadt gründen konnte. Als diese Zeit um war, hatte er endlich seine Stadt – aber außer seinen wenigen Gefährten noch keine Bewohner für sie. Seine Gönnerin, die Göttin Athene, hieß ihn deshalb die Zähne des Ungeheuers, das er vor acht Jahren erlegt hatte, säen und umpflügen – und siehe da, aus den ausgesäten Zähnen erwuchsen ebenso viele tapfere Krieger. Diese gingen allerdings gleich aufeinander los und erschlugen sich gegenseitig. Kadmos bemühte sich, unter ihnen Frieden zu stiften, und erreichte, dass genügend von ihnen am Leben blieben, um seine Stadt zu bevölkern.

Die Götter meinten es gut mit dem König der jungen Stadt, denn sie gaben ihm Harmonia zur Frau, eine Tochter des Ares. Sie selbst kamen zur Hochzeit und brachten prächtige Geschenke mit. Das wertvollste davon war ein kostbares Halsband, das Hephaistos, der göttliche Schmied, im Auftrag der lieblichen Göttin Aphrodite selbst geschmiedet hatte. Unter der Herrschaft von Kadmos und Harmonia blühte Theben auf, und Kadmos wurde zu einem der geachtetsten Könige Griechenlands.

Doch wenn das Glück eines Menschen so groß wird, dass die Götter beginnen, ihn zu beneiden, machen sie diesem Glück bald ein Ende. Eines um das andere der Kinder und Enkel des Kadmos und der Harmonia kamen auf schreckliche Weise ums Leben oder wurden vom Wahnsinn geschlagen, und am Ende verließen Kadmos und Harmonia Theben, die Stadt, in der sie keine Freude mehr finden konnten.

Der Fluch aber, der auf dem Hause des Kadmos lag, sollte noch lange wirksam bleiben, und auch das Halsband, das Aphrodite der Königin zur Hochzeit geschenkt hatte, sollte sich noch als unheilvoll erweisen.

DIE SCHRECKLICHE SCHULD DES ÖDIPUS

König Laios war ein Nachkomme des unglücklichen Stadtgründers Kadmos. Er herrschte mit seiner Frau Iokaste über Theben und war geachtet und vom Volke geliebt – doch eins fehlte zu seinem Glück: ein Sohn und Erbe. Um in dieser Sache Rat zu holen, begab sich Laios nach Delphi zum Orakel des Gottes Apoll. Tatsächlich verhieß ihm dieses einen Sohn, aber es warnte ihn auch: Einst werde er durch die Hand ebendieses Sohnes sterben.

Als Iokaste nicht lange danach einen Sohn gebar, riss ihn der Vater sogleich aus den Armen der Amme, durchschnitt ihm die Fußsehnen, damit er niemals laufen lerne, und trug einem Hirten auf, ihn in der Ödnis des Berges Kithairon auszusetzen: Nie sollte der Sohn den Vater ermorden können.

Der Hirt aber brachte es nicht über sich, den erbärmlich schreienden Säugling in der Wildnis des Gebirges zugrunde gehen zu lassen, sondern kümmerte sich mit seiner Frau um ihn und übergab ihn dann – ohne seine Herkunft zu verraten – einem befreundeten Hirten von der anderen Seite des Berges, der ihn ins benachbarte Korinth brachte.

Das kinderlose Herrscherpaar dieser Stadt, König Polybos und seine Frau Merope, nahm sich des Findelkindes selbst an und zog es wie seinen eigenen Sohn groß. Allgemein wurde der Junge wegen seiner verstümmelten Füße Ödipus, das heißt Schwellfuß, genannt; doch trotz seines Gebrechens wurde der Junge kräftig und ein großer Sportler. Ödipus war überdies ein stolzer Jüngling, denn er sah sich als den künftigen Erben des Throns von Korinth. Das brachte Neider auf den Plan, die die Kunde verbreiteten, dass Ödipus nur ein Findelkind und keineswegs zum Nachfolger des Königs berufen sei. Als Ödipus im Alter von achtzehn Jahren von diesen Gerüchten erfuhr und von seinen Pflegeeltern keine klaren Auskünfte erhielt, ging er nach Delphi, um dort vom Orakel über seine Herkunft Aufklärung zu erhalten.

Was er dort erfuhr, war niederschmetternd: Er werde, so hieß es, seinen Vater erschlagen und seine eigene Mutter heiraten.

Niemals solle das geschehen, befand Ödipus und beschloss, nicht wieder nach Korinth zurückzukehren. Er begab sich auf Wanderschaft.

Als er, ganz in seine düsteren Gedanken versunken, auf der Landstraße dahinschritt, riss ihn an einer engen Wegkreuzung der barsche Befehl eines Wagenlenkers aus seinen Gedanken: »Platz da, Platz für den Wagen meines Herrn!« Ödipus dachte nicht daran, sich an die Böschung zu drücken, sondern wurde wütend über diese Anmaßung. Als der Wagenlenker mit der Peitsche auf ihn einhieb, fackelte er deshalb nicht lange und erschlug ihn. Empört kam nun der Herr des Wagenlenkers aus dem Wagen auf Ödipus zu, und in seinem Wutrausch tötete Ödipus auch ihn.

Was er nicht wusste, war, dass dieser Fahrgast Laios, sein eigener Vater, war, unterwegs nach Delphi, um erneut einen Rat des Orakels einzuholen. Der erste Teil der Prophezeiung, die Ödipus erhalten hatte, hatte sich damit bewahrheitet. Aber auch der zweite Teil des Orakelspruchs sollte sich erfüllen.

Wenig später erreichte Ödipus die Stadt Theben, und die befand sich im Ausnahmezustand. Nicht nur, dass der König von einem Unbekannten ermordet worden war; zu allem Unglück hatte sich auch die Sphinx, ein grauenhaftes Wesen mit dem Kopf einer Frau, dem Leib eines Löwen, den Flügeln eines Raubvogels und dem Schwanz einer Schlange, auf den Mauern der Burg niedergelassen und forderte das Leben eines jeden, der die von ihr aufgegebenen Rätsel nicht zu lösen verstand. Kreon, der Bruder der Königin Iokaste, hatte mittlerweile die Regierungsgeschäfte übernommen und versuchte, das Volk zu beruhigen, aber auch er wusste kein Mittel gegen die Sphinx. Sein eigener Sohn war von dem Ungeheuer zerrissen worden, als er keine Antwort für sein Rätsel wusste. In seiner Ratlosigkeit war Kreon bereit, auf seine gerade erst errungene Königswürde zu verzichten, und versprach jedem Bezwinger der Sphinx die Hand seiner Schwester, der Königin-Witwe Iokaste, und den Thron.

Dankbar empfing Kreon den gerade in die Stadt gekommenen Fremden – Ödipus –, der, da er nichts zu verlieren hatte, bereit war, der Sphinx entgegenzutreten, auch wenn dies für ihn wahrscheinlich das Todesurteil bedeutete.

»Was ist das«, fragte die Sphinx Ödipus, als er ihr Aug in Auge gegenüberstand, »es geht am Morgen auf vier Beinen, mittags aber auf zweien und am Abend auf dreien?«

Ödipus besann sich nicht lange und antwortete: »Das ist der Mensch. Am Anfang krabbelt er auf allen Vieren, danach geht er auf zwei Beinen, und im Alter nützt er einen Stock als drittes Bein.«

Das war die richtige Antwort, die noch niemand zu geben gewusst hatte, und wütend stürzte sich die Sphinx in den Abgrund unter dem Burgfelsen, wo sie ihr grässliches Leben aushauchte.

Mit der Überwindung der Sphinx hatte Ödipus die Königin Iokaste zur Frau erworben. Eine prächtige Hochzeit wurde ausgerichtet, und Kreon überließ seinem neuen Schwager Ödipus bereitwillig die Herrschaft über das mächtige Theben.

Damit war der zweite Teil des delphischen Orakelspruchs in Erfüllung gegangen: Ödipus hatte seine eigene Mutter geheiratet.

ÖDIPUS ÜBERFÜHRT SICH SELBST

Und jetzt geschieht, was geschehen muss: Zunächst regiert Ödipus glücklich über das reiche Theben, und seine Frau und Mutter Iokaste gebiert ihm vier Kinder, Eteokles und seinen Bruder Polyneikes sowie die Töchter Antigone und Ismene. Nach einiger Zeit jedoch wird offenbar, dass etwas faul ist im Staate Theben, denn die Götter schlagen die Stadt mit einer schrecklichen Seuche. Es ist nun die Aufgabe des Königs – Ödipus –, die Ursache für den Zorn der Götter herauszufinden, für Sühne zu sorgen und damit auch das aufgebrachte Volk zu beruhigen, das allzu leicht alles Unglück auf seinen Herrscher zurückführt.

Ödipus sendet also seinen Onkel Kreon nach Delphi, um den Gott des Orakels um Rat zu fragen; und Apoll lässt verlauten: Der Mörder des Laios lebe unbehelligt in Theben, und bevor er nicht überführt und aus der Stadt verbannt sei, werde die Seuche weiter wüten.

Ödipus demonstriert nun, dass er der Herr der Lage ist, indem er eine Volksversammlung einberuft, die als Untersuchungsgericht tagen und nach Möglichkeit auch gleich ein Urteil fällen soll. Als Ersten lässt er den blinden Seher Teiresias holen, der gewöhnlich auch die größten Geheimnisse erahnt. Der Seher aber weigert sich, Auskunft zu geben. Ödipus redet ihm gut zu und schmeichelt ihm, doch erst als er ihn mit Gewalt bedroht, redet der weise alte Mann: »Du selbst, Ödipus«, ruft er aus, »bist der Mörder des Königs, an deinen Händen klebt das Blut des Laios!«

Das Volk wird unruhig, und Ödipus wittert empört eine Intrige seines Onkels Kreon, durch die dieser den Thron zurückgewinnen wolle. Während Teiresias erhobenen Hauptes an der Hand des Jungen, der ihn führt, die Versammlung verlässt, stellt Ödipus seinen Onkel wütend zur Rede. Er wäre handgreiflich geworden, wenn Iokaste sich nicht schützend vor ihren Bruder gestellt hätte. »Glaubt doch nicht an Orakelsprüche und Seherweisheiten«, ruft sie. »Meinem Mann, dem König Laios, wurde dereinst prophezeit, dass er von der Hand seines eigenen Sohnes sterben werde. Aber es war ein gemeiner Straßenräuber, der ihn auf dem Weg nach Delphi an einer engen Wegkreuzung erschlagen hat.«

Ödipus wird da ganz anders: Mit einem Mal erinnert er sich an den frechen Wagenlenker und seinen Herrn, die er bei Delphi getötet hat. Sogleich will er von Iokaste wissen, wie denn ihr erster Gemahl ausgesehen habe. Und sie beschreibt ihn als stattlichen aber bereits weißhaarigen Mann – so, wie Ödipus seinen Widersacher von damals in Erinnerung hat.

Ödipus graut es, aber er ist entschlossen, der Wahrheit auf den Grund zu gehen. Er lässt nach dem Diener schicken, der seinerzeit den Wagen des Laios begleitet und als einziger Überlebender den Tod des Königs in Theben gemeldet hat.

Bevor dieser kommen kann, trifft ein Bote aus Korinth ein, der den Tod des Königs Polybos meldet und Ödipus auffordert, die Königsherrschaft über seine Stadt anzutreten.

Kurz darauf wird der Diener herbeigeführt, der der Zeuge von Ödipus' Mordtat an seinem Vater war. Er identifiziert Ödipus zweifelsfrei als den Täter – und er erweist sich als guter Bekannter des Boten aus Korinth. In einem sich selbst gegenüber gnadenlosen Kreuzverhör erfährt Ödipus – und mit ihm die Versammlung der Thebaner –, dass der Zeuge von Ödipus' Bluttat derselbe Mann ist, der einst im Auftrag des Laios den verstümmelten kleinen Königssohn im Kithairon aussetzen sollte. Weiterhin vernimmt Ödipus von diesem Mann selbst, dass er damals den gerade geborenen Königssohn – ihn, Ödipus – an einen korinthischen Hirten übergeben hat. Und nun stellt sich auch noch heraus, dass dieser korinthische Hirte niemand anderes ist als der Bote, den nun die Korinther und Ödipus' Pflegemutter Merope nach Theben geschickt haben.

Noch ehe die Hirten ausgeredet haben, eilt Iokaste davon. Sie weiß nun, dass ihr Mann ihr eigener Sohn und der Mörder seines Vaters ist – und erhängt sich in ihrer grenzenlosen Verzweiflung.

Ödipus hört sich im Angesicht des vor Entsetzen schweigenden Volks sein eigenes Urteil bis zum Ende an. Dann folgt er seiner Frau in den Palast, und als er sie leblos über ihrem gemeinsamen Bett hängen sieht, sticht er sich mit der Spange ihres Gewands in die Augen und blendet sich damit – um sich selbst zu strafen und zugleich davor zu beschützen, der Wahrheit noch einmal so klar ins Gesicht sehen zu müssen wie in dem Prozess, den er, wie sich herausgestellt hat, gegen sich selbst angestrengt hat.

ÖDIPUS' TOD

Ödipus weiß nun, dass er Theben verlassen muss. Er tut seinem Schwager und Onkel Kreon Abbitte für seine ungerechten Verdächtigungen, übergibt ihm die Herrschaft über die Stadt und bittet ihn, seine Söhne Eteokles und Polyneikes auf ihr künftiges Königtum vorzubereiten. Er selbst wolle als blinder Bettler durch Griechenland ziehen, bis die Götter ihm zu sterben gewährten.

Antigone aber, die Lieblingstochter des Ödipus, besteht darauf, ihren Vater ins Exil zu begleiten. Von ihrer Hand geführt, gelangt der gebrochene Mann abermals nach Delphi, wo das Orakel ihm diesmal einen merkwürdigen Bescheid gibt: Er werde bei den Eumeniden Ruhe finden.

Ausgerechnet bei den Eumeniden! Jeder wusste, dass Eumeniden, das heißt die Wohlwollenden, nur ein schmeichelhafter Name für die Erinnyen war, die Rachegöttinnen, die Vater- und Muttermörder unerbittlich verfolgten.

Nach einer langen Wanderschaft, während derer Ödipus und seine Tochter sich als Bettler von Almosen ernähren, gelangen die beiden nach Kolonos bei Athen. Hier erfahren sie von einem heiligen Hain, der den Eumeniden geweiht ist. Da erkennt Ödipus, dass er das Ziel seiner Wanderung erreicht hat. Er weigert sich, den Ort zu verlassen, und verlangt Einlass in das Heiligtum.

Theseus, der damals König von Athen ist, hört von dem blinden Greis, der von dem Eingang zu dem für die Sterblichen verbotenen Hain der schrecklichen Göttinnen nicht weichen will. Er ahnt, dass es mit ihm eine besondere Bewandtnis haben muss, und eilt nach Kolonos. Und angesichts der würdigen Erscheinung des Ödipus, der Alter und Blindheit nichts haben anhaben können, erkennt er, dass die Götter mit ihm etwas Besonderes vorhaben. So gewährt er ihm Eintritt in das von hohen Bäumen beschattete Heiligtum und führt ihn zusammen mit Antigone in dessen Inneres. Hier klafft seit alters her ein tiefer Spalt im Fels – und dieser ist, so wird gemunkelt, einer der Eingänge zur Unterwelt.

Ödipus wäscht sich nun an der heiligen Quelle, die bei dem Erdriss sprudelt, kleidet sich in ein frisches Gewand und geht gemessenen Schritts auf den Abgrund zu.

Da verfinstert sich der Himmel, es donnert und blitzt, und Antigone und Theseus bleiben wie versteinert stehen. Als sie aus ihrer Erstarrung erwachen, scheint bereits wieder die Sonne, und es weht ein lauer Wind. Der Spalt im Erdboden aber ist verschwunden. Da wissen sie, dass Ödipus als einer, dem die Götter gnädig gesonnen sind, den Weg in die Unterwelt angetreten hat.

DER ZUG DER SIEBEN GEGEN THEBEN

Doch dies ist nicht das Ende der Geschichte von Ödipus und seinem Geschlecht.

Unter den Augen ihres Onkels Kreon, der nun wieder über Theben herrschte, wuchsen die Söhne des Ödipus, Eteokles und Polyneikes, heran. Eteokles war der Erste von ihnen, der für sich selbst die Königswürde beanspruchte. Er brachte seinen Onkel Kreon dazu, erneut zurückzutreten; seinen Bruder Polyneikes aber verbannte er aus der Stadt.

Polyneikes dachte aber nicht daran, freiwillig den Thron Thebens seinem Bruder zu überlassen, und suchte nach Verbündeten, die ihn im Kampf gegen Eteokles unterstützen konnten. So gelangte Polyneikes nach Argos, wo König Adrastos den Königssohn freundlich aufnahm und ihm seine Tochter Argeia zur Frau gab. Adrastos war Feuer und Flamme für den Plan, Theben für Polyneikes zu erobern, denn damit konnte er seine eigene Macht vergrößern. Er rief die fünf mächtigsten Fürsten seines Reichs mit ihrem Gefolge dazu auf, mit ihm und Polyneikes, sodass sie zusammen sieben waren, gegen Theben zu ziehen. Vier der Helden von Argos waren auch sogleich bereit zu dem kriegerischen Abenteuer – nur Amphiarios, der Schwager des Adrastos, wollte nicht an dem Kriegszug teilnehmen, denn er besaß die Sehergabe und sah Böses voraus. Ohne ihn, den Klügsten unter ihnen, wollten jedoch auch die anderen Helden von Argos nicht losziehen.

Damit ihn seine Freunde nicht weiter bedrängen konnten, floh Amphiarios aus Argos und verbarg sich in einer Höhle. Da griff Polyneikes zu einer List: Er bot der Frau des Amphiarios, wenn sie ihm dessen Aufenthaltsort verriete, das wunderbare, aber fluchbeladene Halsband an, das Aphrodite selbst einst seiner Ahnin Harmonia, der Frau des Städtegründers Kadmos, zu ihrer Hochzeit geschenkt hatte und das er als seinen wertvollsten Besitz aus seiner Vaterstadt mit sich genommen hatte. Angesichts dieses göttlichen Geschmeides wurde die Frau schwach und verriet das Versteck ihres Mannes. Und der konnte nun um seiner Ehre willen nicht anders, als den Helden von Argos, da sie ihn in seinem Versteck überraschten, seine Teilnahme an ihrem Zug gegen Theben zu versprechen – auch wenn er sich keinen glücklichen Ausgang versprach.

Also zogen die sieben Helden mit ihren Heerscharen gegen Theben.

Lange wogte der Kampf vor den Mauern der Stadt zwischen Angreifern und Verteidigern hin und her. Adrastos wies jedem seiner Helden eines der sieben Tore Thebens als Ziel zu, doch keiner von ihnen vermochte in die Stadt einzudringen; vielmehr brachten die Ausfälle der Thebaner immer wieder Verwirrung in die Reihen der Männer aus Argos.

Da der Krieg so lange unentschieden blieb und die Krieger auf beiden Seiten die Lust am Kampf zu verlieren drohten, ließ Eteokles, der König von Theben, verkünden, dass er im Zweikampf mit seinem Bruder Polyneikes die Entscheidung herbeiführen wolle. Die Männer aus Argos waren damit einverstanden, und so traten nun die Brüder gegeneinander an. Der Kampf blieb lange unentschieden. Beide Brüder wehrten die Speere des jeweils anderen ab und maßen sich bald im Schwertkampf, und der eine wie der andere wurde verletzt. Eteokles brachte schließlich dem Polyneikes eine tödliche Wunde bei und wollte dem Sterbenden schon seine Rüstung entreißen, als ihn, der sich über den Sterbenden beugte, das aufgestellte Schwert des Polyneikes traf. So starben nun die feindlichen Brüder gemeinsam vor den Mauern Thebens.

Mit dem Tod des Polyneikes hatte der Zug der Sieben gegen Theben ein Ende, denn es gab niemanden mehr, dem die Leute aus Argos auf den Thron von Theben verhelfen konnten. Während sich also die Gegner Thebens zerstreuten, ließ Kreon,

dem nun wieder die Königswürde zukam, den Leichnam des Eteokles in die Stadt bringen und bereitete dem toten König ein feierliches Leichenbegängnis.

Der Leichnam des Polyneikes lag indessen unbestattet vor den Mauern, denn Kreon hatte allen Thebanern bei Todesstrafe verboten, dem Toten die Ehre zu erweisen, denn er war ein Feind der Stadt gewesen.

ANTIGONE

Antigone war nach dem Tod ihres Vaters Ödipus nach Theben, ihrer Heimatstadt zurückgekehrt. Und sie war entsetzt von dem, was sie dort sehen musste: wie ihre Brüder sich im Kampf gegenseitig umbrachten und der eine von ihnen, Polyneikes, nun als Fraß der Raben vor den Mauern lag. Antigone kannte das Verbot ihres Onkels Kreon, den Feind zu bestatten, aber sie wusste auch um das allen Menschen bekannte Gebot der Götter, die Toten zu ehren. Und das Götter- und allgemeine Menschengesetz war ihr wichtiger als jenes, das ihr Onkel, der König, aus politischen Gründen verhängt hatte.

Antigone bat ihre Schwester Ismene, mit ihr zusammen die Pflicht gegenüber dem toten Bruder zu erfüllen, doch Ismene fürchtete sich vor dem Zorn ihres Onkels. Schweren Herzens beschloss Antigone nun, ganz allein auf sich gestellt, das Göttergebot zu erfüllen, und begab sich im Schutz der Nacht hinunter vor die Stadtmauer. Natürlich hatte sie Angst, aber sie wusste, was sie zu tun hatte. Mit ihren bloßen Händen grub sie Erde und Steine aus dem harten Boden und bedeckte damit den Leichnam ihres Bruders. Dann schlich sie zurück in ihre Schlafkammer.

Am nächsten Morgen entdeckten die Wächter auf den Mauern, was sich während der Nacht zugetragen hatte, und einer von ihnen eilte zu König Kreon, um ihm den Vorfall zu melden. Kreon war außer sich vor Zorn und befahl, die Leiche sofort auszugraben und nach dem zu fahnden, der sein Gebot missachtet hatte. In der folgenden Nacht hielten die Wächter die Augen offen, und tatsächlich – in der ersten Morgendämmerung entdeckten sie eine Frauengestalt, die bei der Leiche des Polyneikes Totenwache hielt und Erde über sie schüttete.

Da ergriffen sie Antigone und schleppten sie vor den König. Kreon begann sofort, seine Nichte vor dem Volk von Theben, das sich um sie sammelte, zu verhören.

»Hast du es getan oder nicht?«, fragte er, und Antigone gab freimütig zu, dass sie ihren Bruder bestattet hatte.

»Und wusstest du nicht, dass ich es verboten hatte?«, fragte Kreon weiter.

»Doch«, antwortete Antigone, »wie hätte ich es nicht wissen sollen, wo dein Befehl doch überall angeschlagen war und ausgerufen wurde.«

»Und so hast du also das Gesetz willentlich übertreten!«

»Dein Gesetz«, antwortete Antigone mutig, »habe ich missachtet, aber nur, um dem Gesetz der Götter und der Menschheit Geltung zu verschaffen.«

Das Volk begann nun zu murren, denn nicht wenige der Thebaner gaben Antigone darin recht, dass das Gebot der Götter schwerer wiegt als die von der Politik diktierten Gesetze.

Kreon seinerseits bemühte sich nun, deutlich zu machen, dass ihm der Staat wichtiger war als die eigene Familie: »Du magst die Tochter meiner Schwester sein, und doch werde ich dich nicht deshalb schonen. Du bist des Todes, denn so war es beschlossen.«

»Auch Polyneikes war dir blutsverwandt«, entgegnete ihm Antigone, »doch die heiligen Bande der Familie gelten dir nichts!«

»Wie denn«, fuhr Kreon da wütend auf, »wo dein Bruder doch gegen seine eigene Vaterstadt zu Felde zog!«

Während Kreon und Antigone unversöhnlich einander gegenüberstanden, trat Haimon auf, der Sohn des Kreon, der seit Langem in Antigone verliebt war.

»Vater«, versuchte er diplomatisch Kreon umzustimmen, »sieh doch, dass das Volk Antigones Handeln gutheißt! Und ein guter König schiebt des Volkes Willen nicht beiseite.«

Doch störrisch blieb Kreon bei seinem Beschluss: Antigone sollte des Todes sterben! Eingemauert sollte sie werden und in ihrem Verlies verhungern, denn ihr Blut wollte Kreon nicht an seinen Händen kleben haben. Und als Haimon darauf bestand, mit seiner geliebten Antigone den Kerker zu teilen, war Kreon in seinem Zorn auch dies recht. Und so geschah es, dass die Liebenden gemeinsam eingemauert wurden.

Das Volk von Theben aber spürte, dass Kreon, der König, nicht recht getan hatte. Noch einmal trat Teiresias, der weise Seher, hervor und fasste in anklagende

Worte, was die meisten empfanden. Er klagte Kreon an: »Ein Tyrann bist du, dass du um der Macht im Staate willen missachtest, was die Menschen seit je als gut und richtig empfinden. Du hast den Zorn der Götter über dich und die Stadt heraufbeschworen!«

Nun endlich beschlichen Kreon Zweifel an seinem Tun und er ließ von seinem Volk bedrängt, das Verlies aufbrechen, in dem Antigone und Haimon eingemauert waren. Doch es war zu spät: Antigone hatte sich in der Gruft erhängt, und ihr Geliebter Haimon hatte ihre Leiche vom Strang genommen und sich über ihr mit seinem Schwert getötet.

So erfüllte sich der Fluch, der über dem Hause des Stadtgründers Kadmos lag, ein letztes Mal. Antigone aber, die Tochter des Ödipus, wird seitdem gerühmt als mutige Frau, die unter Einsatz ihres Lebens den falschen Gesetzen des Staats widerstanden hat, um dem ewigen Menschenrecht Geltung zu verschaffen.

Bei vielen Völkern künden die alten Sagen von großen Kriegern und ihren Heldentaten, aber auch von ihrem Leid und ihrem Tod. Und sie berichten davon, wie edle Männer gegen ihren Willen in erbitterte Kämpfe hineingezogen wurden, an deren Anfang nichts stand als Eifersucht, Habgier oder Ruhmsucht.

So singen die alten Sagen das Loblied des Heldentums, klagen aber auch das Schicksal und die Götter an, die den Menschen keinen Frieden gönnen. Beides, das Rühmen der Helden und die Klage über ihr Schicksal, bildet die Grundmelodie des berühmtesten aller Heldenlieder: der *Ilias* des Homer, des Vaters der griechischen Dichtung. Dieses Lied handelt vom Kampf um Ilion oder, wie es meist heißt: Troja.

DAS URTEIL DES PARIS

König Peleus, der Götterfreund und Vater Achills – Achill wird der größte aller Helden im Kampf um Troja sein –, hatte zu seiner Hochzeit mit der schönen Meernymphe Thetis sämtliche Götter eingeladen, bis auf Eris, die Göttin des Zanks und Streits, denn das Hochzeitsfest sollte friedlich gefeiert werden. Eris aber dachte gar nicht daran, ihrer Nichteinladung Folge zu leisten, sondern tauchte während des Festbanketts mit einem goldenen Apfel auf, der die Inschrift »der Schönsten« trug. Sie warf den Apfel unter die Festgäste und konnte zu ihrer Genugtuung beobachten, wie sich die mächtigsten Göttinnen um ihn balgten: Hera, die Gemahlin des Göttervaters Zeus, Athene, seine kluge Lieblingstochter, und die liebreizende Aphrodite, die Göttin der Liebe. Niemand anderes als Zeus konnte den Streit schlichten, aber der Göttervater wusste, dass er schlecht beraten gewesen wäre, wenn er selbst den Schönheitspreis einer der Göttinnen zugesprochen hätte, denn unweigerlich hätte er sich die anderen zu Feindinnen gemacht. So befand er, ein besserer Schiedsrichter als er sei doch gewiss der Schönste unter den Sterblichen. Damit hatte er für die Dauer des Festes Frieden geschaffen – und elegant den Ball an einen Abwesenden weitergegeben, nämlich den trojanischen Prinzen Paris, der damals bei den Menschen wie den Göttern als der hübscheste aller jungen Männer galt.

Paris hatte keine Vorstellung, was da auf ihn zukam; eine düstere Ahnung hatte allerdings schon bei seiner Geburt die Seher am Hofe seiner Eltern, des Troerkönigs Priamos und seiner Frau Hekabe, beschlichen. Sie warnten das Königspaar vor ihrem zweitgeborenen Sohn: Er werde dereinst die Ursache für den Untergang ihrer Stadt, des vieltorigen Troja sein. Derart eingeschüchtert, hatten die Eltern den Neugeborenen ausgesetzt, doch Paris wurde von einem wackeren Hirten gefunden und aufgezogen. Erst als er herangewachsen war, erfuhr er von seiner königlichen Abkunft. Er begab sich nach Troja, und seine Eltern schlossen ihn in ihre Arme. Der alte Fluch war vergessen.

Der schöne Paris hütete gerade die reichen Rinderherden seines Vaters im Land vor Troja, als er unversehens göttlichen Besuch bekam: Hermes, der Götterbote, kündigte ihm den Besuch der schönsten Göttinnen an und bereitete ihn auf seine Aufgabe vor, als Schönheitsrichter zu wirken. Kurz darauf erschienen die Göttinnen

selbst und zeigten sich vor dem jungen Mann jeweils von ihrer reizvollsten Seite. Paris war beeindruckt, denn sie waren schön – alle drei. Die Göttinnen bemerkten sein Zögern, und jede von ihnen versuchte nun, ihn auf ihre Weise zu bestechen. Die mächtige Hera flüsterte ihm zu, sie werde ihn zum Herrn über große Reiche machen; die kluge und kriegerische Athene bedeutete ihm, dass sie ihn zum Sieger in jedem Zweikampf machen werde; Aphrodite aber ließ ihn wissen, dass sie ihm die schönste aller sterblichen Frauen als Gemahlin zu verschaffen wissen werde. Da zögerte Paris nicht länger. Er wollte die schönste aller Frauen haben, und damit war seine Entscheidung für Aphrodite gefallen.

Was er bei dieser Entscheidung nicht bedacht hatte, war, dass er jetzt zwar eine mächtige Göttin auf seiner Seite, aber zwei gegen sich und sein trojanisches Volk hatte.

DER „RAUB" DER HELENA

Die schönste unter den sterblichen Frauen, auch da waren Götter und Menschen einer Meinung, war aber Helena aus der schon damals berühmten Griechenstadt Sparta. So schön, wie sie war, konnte sie nicht einfach ein Menschenkind sein. Sie galt zwar als Tochter des Königs Tyndareos von Sparta und seiner Frau Leda, doch in Wahrheit, so hieß es, sei sie die Tochter des Zeus gewesen. Zeus habe sich in die schöne, aber auch züchtige Leda verliebt und sich in einen wunderschönen Schwan verwandelt, um sich ihr nähern und sie verführen zu können. Manche fügten sogar hinzu, sie sei nicht wie gewöhnliche Menschen geboren worden, sondern aus einem Schwanenei geschlüpft, mit dem Leda niedergekommen sei. Vielleicht war die schöne Helena also eine Halbgöttin; aber auch der ebenso schöne Paris, dem Aphrodite sie versprochen hatte, stammte aus einer Familie, die seit jeher vertrauten Umgang mit den Göttern hatte. Helena und Paris passten also zueinander. Allerdings gab es ein ernstzunehmendes Hindernis für ihre Verbindung: Helena war nämlich schon verheiratet, und zwar mit Menelaos, dem Nachfolger ihres Vaters Tyndareos auf dem Thron von Sparta und jüngeren Bruder Agamemnons, des Königs von Mykene. Agamemnon wiederum war der mächtigste unter den Königen der Achäer, wie sich die Griechen dieser Zeit nannten.

Helena führte ein gutes Leben am Hof von Sparta, doch dies Leben kam ihr wohl etwas langweilig vor. Als nämlich Paris auf Anraten Aphrodites dem spartanischen Hof einen Freundschaftsbesuch abstattete, lebte sie auf und flirtete mit dem schönen ausländischen Prinzen. Aus dem Flirt wurde eine heftige Liebe, als Menelaos sich in Regierungsgeschäften aus dem Lande begeben musste. Die beiden planten ihre Flucht, und eines Tages, als der Wind günstig war, packte Helena ihre prächtigen Kleider und ihren Schmuck zusammen und begab sich mit Paris auf ein Schiff, das sie in die Heimat ihres Geliebten, nach Troja, brachte.

Als Menelaos nach Sparta zurückkam und begriff, dass seine Frau mit dem Gast durchgebrannt war, ließ er in seiner eifersüchtigen Wut überall bei den Griechen verkünden, seine Frau sei von dem Fremden mit Gewalt entführt worden. Das galt nämlich als eine große Schmach, die gerächt werden musste, um die Ehre des Ehemanns wiederherzustellen.

DIE ACHÄER SAMMELN SICH ZUM KRIEGSZUG GEGEN TROJA

Menelaos' älterem Bruder Agamemnon, dem König von Mykene, fiel die Aufgabe zu, die Achäer zum Kriegszug gegen die räuberischen Trojaner zu sammeln. Als Ersten gewann er für den Kriegszug Nestor, den alten König von Pylos, dessen Bruder, als er noch jünger war, gegen den größten aller Helden, den Zeussohn Herakles, gekämpft hatte; Nestor sollte der große Ratgeber der Achäer während des trojanischen Kriegs werden. Agamemnon gewann auch den Odysseus, den König von Ithaka, der einmal zu den Verehrern Helenas gehört hatte, es dann aber für klüger befunden hatte, um ihre zwar weniger schöne, dafür aber auch weniger oberflächliche Schwester Penelope zu werben. Während der kluge Odysseus aufgrund seiner familiären Bindungen – immerhin war Menelaos der Mann seiner Schwägerin – nicht umhin konnte, Agamemnon und Menelaos zu folgen, war die Anwerbung des jungen Helden Achill nicht so einfach. Alle wussten, dass Achill an dem Feldzug der Achäer teilnehmen musste, denn er war der Sohn des mächtigen Peleus – man nannte ihn deshalb auch den Peliden, das heißt Peleussohn. Achill konnte mit seinen Gefolgsleuten, den Myrmidonen, eine große Zahl von Schiffen zu dem Kriegszug beisteuern; und außerdem war er kein gewöhnlicher Sterblicher, sondern der Sohn einer göttlichen Nymphe, der Thetis, die der Sterbliche Peleus dereinst vor allen Göttern geheiratet hatte, und konnte deshalb mehr als jeder andere Krieger auf göttlichen Beistand zählen.

Thetis war einst geweissagt worden, dass ihr Sohn allzu früh auf dem Kampfplatz sterben werde. Umso eifriger war sie darum bemüht, das Seherwort Lügen zu strafen. Schon als Achill noch ein kleines Kind war, hatte sie ihn in das Wasser des Unterweltflusses Styx getaucht, dessen Berührung unverwundbar macht. Ihr war dabei allerdings entgangen, dass das zauberische Wasser nicht die Ferse des Knaben benetzte, an der sie ihn festhielt; diese Ferse blieb deshalb Achills verwundbare Stelle, die sprichwörtlich gewordene Achillesferse. Als habe sie geahnt, dass Achills Unverwundbarkeit nicht vollkommen war, hatte Thetis, als Achill heranwuchs, ihren Sohn in Frauenkleider gesteckt und als Mädchen erziehen lassen, damit er nicht die gefährliche Laufbahn eines Kriegers einschlüge. Zugleich allerdings hatte sie ihm auch die beste Ausbildung zukommen lassen, die ein Krieger bekommen konnte: Sein Lehrer war niemand Geringeres als Cheiron, der klügste unter den Zentauren, jener tapferen Wesen, die halb Mensch und halb Pferd waren.

Odysseus war die Aufgabe zugefallen, Achill für den Zug gegen Troja anzuwerben. Am Hof des Peleus wurde ihm freilich beschieden, dass es hier keinen Helden namens Achill gebe. Da wandte Odysseus eine seiner vielen Listen an: Er ließ die Alarmtrompete blasen, wie wenn die Burg des Peleus von Angreifern bedroht würde. Sogleich warf Achill seine Mädchenkleider ab und eilte zum Kampf. Damit hatte er sich zu erkennen gegeben, und nun war es ein Leichtes, ihn für die Teilnahme an dem Feldzug zu verpflichten.

Nachdem auch Achill für den Kriegszug gegem Troja gewonnen war, mochte keiner der griechischen Könige und Fürsten mehr zurückstehen, und es sammelte sich eine gewaltige Zahl von mit tapferen Kriegern besetzten Schiffen zur Überfahrt nach Troja.

IPHIGENIE IN AULIS

Die Flotte der Achäer wartete vor der Kleinasien und damit auch Troja zugewandten Küste Griechenlands bei der Insel Aulis auf günstigen Wind. Zunächst waren die Schiffsbesatzungen damit beschäftigt, frisches Wasser und Vorräte an Bord zu nehmen. Als dies längst geschehen war, blieb der günstige Wind immer noch aus. Tagelang, wochenlang harrten die Krieger aus, doch dann wurden sie unruhig. Nicht zu Unrecht vermuteten sie, dass die Götter sich gegen sie und ihr Unternehmen gewandt hätten und nur durch ein Opfer zu besänftigen wären. Der blinde Seher Kalchas wurde gefragt, und er befand, Agamemnon, der Anführer der Achäer, müsse der mächtigen Artemis, die er wohl durch einen Jagdfrevel beleidigt hatte, das Wertvollste opfern, was er besitze, und das sei seine Tochter Iphigenie. Drohend forderten die Krieger Agamemnon nun auf zu entscheiden, was ihm wichtiger sei, seine Tochter oder die Ehre seiner Familie, die er ohne ihre Hilfe nicht werde wiederherstellen können. Während Agamemnon noch zögerte, ersann der schlaue Odysseus eine List, um Iphigenie nach Aulis zu locken. Er sandte einen Boten nach Mykene zu Agamemnons Frau Klytämnestra, der ihr ausrichtete, kein Geringerer als der strahlende Held Achill habe ihre Tochter zur Gattin erwählt. Stolz machte sich Klytämnestra mit ihrer als Braut geschmückten Tochter sogleich auf nach Aulis. Kaum waren die Frauen eingetroffen, wurde Iphigenie ergriffen und zum Opferaltar geschleppt, ohne dass Agamemnon dagegen Einspruch erhob. Doch bevor das Messer des Priesters ihr das Leben nehmen konnte, hüllte die gnädige Artemis sie in eine Wolke und entführte sie vor aller Augen. Die Göttin hatte das Opfer angenommen, und sogleich erhob sich ein günstiger Wind, der die Schiffe der Griechen in kurzer Zeit nach Troja führte.

Für die meisten galt die spurlos verschwundene Iphigenie als tot – und Klytämnestra schwor ihrem Ehemann Agamemnon als dem Mörder ihrer Tochter erbittert Rache.

Artemis aber brachte Iphigenie in die Landschaft Tauris, wo sie ihr als Priesterin dienen musste.

DIE GRIECHEN VOR TROJA

Als die Griechen vor Troja landeten, fanden sie einen günstigen Landeplatz an der Mündung des Flusses Skamander, der die Ebene der Troas, des Landes um Troja, durchfloss. Hier, in Sichtweite der mächtigen Stadt, zogen sie ihre Schiffe an Land. Um sie herum bauten sie Zelte und Hütten auf und versäumten nicht, ihr Lager durch einen Erdwall zu sichern. In der vordersten, Troja zugewandten Reihe standen die Zelte der Anführer, das des Agamemnon, der die Griechen anführte, und das seines Bruders Menelaos. An den besonders gefährdeten Ecken dieser ersten Reihe aber standen die Zelte der größten Helden unter den Achäern: auf der einen Seite das Achills und auf der anderen Seite das des mächtigen Ajax, der von der reichen Insel Salamis zur Flotte der Griechen gestoßen war. Im Schutz des Lagers weideten Herden von Schafen und Rindern, der lebende Proviant der Krieger.

Natürlich hatten die Trojaner schon bald wahrgenommen, welche Bedrohung die Landung der Fremden dort unten an der Küste für sie bedeutete. Hektor, dem Bruder des Paris und ältesten Sohn des greisen Königs Priamos und seiner Frau Hekabe, fiel es zu, die Verteidigung zu organisieren. Die Stadtmauern wurden, wo nötig, instandgesetzt, und wenn ein Trupp von Griechen vor diesen Mauern erschien, um auszukundschaften, ob es eine schwache Stelle in der Verteidigung gab, machten die Trojaner einen Ausfall. Oft genug gelang es ihnen, eine Abteilung des Griechenheers aufzureiben, bevor die Hauptstreitmacht der Achäer auftauchte und ohnmächtig vor den Stadtmauern stand, hinter die sich die trojanischen Krieger schon längst wieder zurückgezogen hatten.

So lagen die Griechen vor Troja, ohne die Stadt ernsthaft bedrohen zu können. Monat um Monat und Jahr um Jahr dauerte die Belagerung an, ohne dass es zu einer Entscheidung kam. Das Einzige, was den Griechen zu tun blieb, waren kurze Feldzüge ins kleinasiatische Hinterland Trojas, die dazu dienten, den Gegner vom Nachschub an Lebensmitteln abzuschneiden, die eigenen Vorräte zu ergänzen und – Beute zu machen, um die Krieger bei Laune zu halten. Neben Schmuck und Geschirr aus edlem Metall aber galten schöne Frauen als wertvollste Beutestücke. Die Griechen machten sie zu ihren Sklavinnen und nicht selten zu ihren Geliebten.

Bei einem dieser Raubzüge gegen die kleineren Städte der Umgebung erbeutete Agamemnon Chryseïs, die schöne Tochter eines Apollonpriesters. Bei einem anderen Beutezug fiel die schöne Briseïs in die Hand Achills. Sie wurde bald seine Lieblingssklavin und teilte mit ihm das Bett. Diese beiden Frauen – oder besser: die Liebe Agamemnons und Achills zu ihnen – sollten das mächtige Griechenheer an den Rand der Niederlage bringen.

Und das kam so: Chryses, der Vater der Chryseïs, erschien im Lager der Griechen und forderte seine Tochter zurück, doch er wurde von Agamemnon verhöhnt. Verzweifelt flehte der alte Mann nun seinen göttlichen Herrn, Apoll, um Hilfe an. Und der Gott ließ sich nicht lange bitten; er war den Griechen allemal nicht wohlgesonnen und half seiner lieblichen Schwester Aphrodite gern, die Troer gegen die Griechen zu unterstützen.. Er sandte seine vergifteten Pfeile in das Lager der Achäer, und jeder, den einer dieser Pfeile traf, wurde von der Pest befallen. Als die Seuche allenthalben ihre Opfer verlangte und das Griechenheer auszulöschen drohte, wandten sich die Griechen an ihren weisen Seher Kalchas, der ihnen riet, Chryseïs zurückzugeben und Apoll reiche Opfer darzubringen, um ihn zu besänftigen. Die Griechen bedrängten nun ihren Kriegsfürsten Agamemnon, Chryseïs freizulassen. Der war dazu aber nur bereit, wenn er im Austausch Briseïs, die schöne Gefährtin Achills, erhielte. Nun wurde Achill unter Druck gesetzt, auf Briseïs zu verzichten. Gegen die Gesamtheit der Griechen war Achill ohnmächtig, und er gab seine Geliebte heraus; doch er schwor, von nun an dem Kampf fernzubleiben und die Griechen ihrem Schicksal zu überlassen. Er ging zum Strand und klagte sein Leid seiner Mutter, der Meerestochter Thetis. Diese stieg hinauf zum Olymp und bat den Göttervater Zeus um Rache für das Unrecht, das ihrem Sohn angetan worden war. Und Zeus erhörte sie.

DIE GRIECHEN OHNE ACHILL

Achill blieb also grollend im Zelt bei seinen Gefolgsleuten, den Myrmidonen, die wie ihr Herr nicht mehr am Kampf teilnahmen. Agamemnon nahm dies zunächst gar nicht schwer, denn er witterte die Gelegenheit, als Kriegsheld endlich aus dem Schatten Achills zu treten: Schließlich war er der Anführer des Belagerungsheers.

Mit frischem Schwung trieb er die Griechen an, erneut die Mauern Trojas zu berennen. Agamemnons Mut war umso größer, als Zeus den weisen Nestor als Truggebilde vor ihm hatte erscheinen lassen, das ihn in seinem kämpferischen Übermut bestärkte.

Und das führte für die Griechen beinahe zur Katastrophe. Die Trojaner ließen sich nämlich nicht einschüchtern. Im Gegenteil: Als sie sahen, dass der gefürchtete Achill in den Reihen ihrer Feinde fehlte, stellten sie sich den Griechen erstmals in offener Feldschlacht. Auf beiden Seiten floss das Blut in Strömen, und mancher Held begann am Sinn dieses Mordens, das ja keiner Seite den Sieg brachte, zu zweifeln.

Nun aber spitzt sich das Geschehen zu: Paris, der bisher nicht durch besonderen Heldenmut aufgefallen ist, entschließt sich, dem Blutvergießen ein Ende zu machen. Vielleicht ist ihm bewusst geworden, dass er durch den Raub der Helena das ganze Unheil heraufbeschworen hat. Jedenfalls fordert er Menelaos, seinen Nebenbuhler, zum Zweikampf heraus, und dieser Kampf soll statt der Schlacht aller gegen alle eine Entscheidung herbeiführen. Paris' Bruder Hektor macht sich zu seinem Herold, und sofort erklärt sich Menelaos zum Kampf Mann gegen Mann bereit. Bald haben die feindlichen Heere ausgehandelt, dass dem Sieger Helena zugesprochen werden soll, die Ursache des fürchterlichen Krieges, und dass die Griechen danach, gleich ob als Sieger oder als Verlierer, die Troas verlassen werden. Die Achäer sind mit einem ehrenhaften Abzug zufrieden und verzichten damit auf die Plünderung der Stadt, auch wenn die Aussicht darauf für viele unter ihnen der Grund gewesen ist, an dem Kriegszug teilzunehmen. Troja scheint gerettet – doch die Götter sind sich darüber noch keineswegs einig.

Sobald der Kampfplatz abgesteckt ist, gehen Menelaos und Paris aufeinander los. Ihre Wurfspeere können gegen ihre ledernen Schilde nichts ausrichten, und deshalb stürmen sie mit dem blanken Schwert gegeneinander. Menelaos droht mit einem mächtigen Schwerthieb Paris' Helm und Kopf zu zerspalten, doch sein Schwert zerbricht an dem gut geschmiedeten Helm des Trojaners. Der Achäer lässt sich dadurch jedoch nicht entmutigen, sondern stürzt sich mit bloßen Händen auf Paris. Er reißt an seinem Helmbusch, so fest, dass der Helmriemen den Trojanerprinzen zu erdrosseln droht. Das aber kann dessen Beschützerin, die herrliche Aphrodite, nicht zulassen. Sie fährt auf den Kampfplatz nieder, löst den Riemen, hüllt ihren Liebling in eine Wolke und führt ihn in deren Schutz zurück in die Stadt.

Als Menelaos unversehens allein auf dem Kampfplatz steht, reklamiert Agamemnon sogleich für seinen Bruder den Sieg. Die Trojaner sind damit natürlich nicht einverstanden, und es kommt zum Tumult. Das Durcheinander wird zum erbitterten Kampf, als der Pfeil eines Trojaners Menelaos verletzt: Zeus selbst hat den Schützen zu dieser ehrlosen Tat angestiftet, steht er doch bei Thetis im Wort, ihrem beleidigten Sohn Achill Genugtuung zu verschaffen.

Niemand freut sich so über das Schlachtgetümmel wie der Kriegsgott Ares, der selbst aufseiten seiner Geliebten Aphrodite – und damit der Trojaner – in das Kampfgeschehen eingreift. Dies wiederum lässt Athene nicht ruhen. Sie verleiht Diomedes, ihrem Lieblingshelden unter den Achäern, ungeheure Kräfte. Diomedes hat den Trojanerhelden Äneas schon von seinem Streitwagen gezwungen und ist im Begriff, ihn zu töten, als wiederum Aphrodite dazwischengeht. Rasend vor Kampfeswut wendet sich Diomedes nun sogar gegen die Göttin und verletzt sie an der Hand, bevor sie ihren Schützling retten kann. Als nun Ares eingreift, verwundet Diomedes auch ihn. Den Kriegsgott selbst!

Dies ist das einzige Mal, dass Sterbliche Göttern haben Wunden zufügen können. Allzu sehr haben Ares und Aphrodite sich in die Händel der Sterblichen einbeziehen lassen. Und sie haben erfahren müssen, dass auch sie, die Götter, ohnmächtig sind gegen das ewige Schicksal. Und das Schicksal hat sein Los geworfen.

Das wird den Göttern, die ja weit in die Zukunft zu schauen vermögen, nach dieser Schlacht klar. Troja muss untergehen! Doch die Unsterblichen verständigen sich darauf, dass den Griechen ihr Sieg nicht leicht gemacht werden solle.

HEKTOR UND ANDROMACHE

Es ist das zehnte Jahr des Kampfes um Troja. Hektor, der ebenso kluge wie tapfere Anführer der Trojaner, ahnt, welches Schicksal ihm und seiner Heimatstadt bevorsteht, aber er ist entschlossen, bis auf den letzten Blutstropfen zu kämpfen. Er macht seine Runde in der Stadt, um die Krieger zum Kampf aufzurütteln.

Seine Mutter Hekabe, die Königin, bittet er, die edlen Frauen der Stadt zu Opfern an die Götter zu ermahnen, die sie den Troern günstig stimmen sollen. Seinen Bruder Paris trifft er in den Frauengemächern an und beschimpft ihn, weil er sich nicht wie die anderen Männer rüstet. Paris verteidigt sich damit, dass er nicht die eisernen Muskeln seines Bruders, dafür aber vielleicht andere Qualitäten habe, während Helena theatralisch bedauert, durch ihren Bund mit Paris so viel Unheil heraufbeschworen zu haben.

Nun sucht Hektor nach seiner eigenen Frau, Andromache. In ihren Gemächern findet er sie nicht, denn sie betrachtet gerade von einem Turm der Stadtmauer aus sorgenvoll das Kriegsgeschehen. Erst als sie sich auf den Heimweg macht, trifft Hektor auf die geliebte Gattin und ihren kleinen Sohn, der bezeichnenderweise den Namen Astyanax, das heißt Stadtverteidiger, trägt. Astyanax erschrickt und beginnt zu weinen, als er seinen Vater mit dem mächtigen Helmbusch aus Rosshaar erblickt, und Andromache, die bereits die meisten ihrer Brüder in dem Krieg verloren hat, beschwört ihren Mann, von seinen Waffentaten abzulassen, um sein Leben zu bewahren. Traurig und trotzig zugleich erklärt Hektor ihr, dass es kein Zurück mehr gebe, und bedauert sie, der ein Schicksal als Sklavin bevorstehe. Das aber wolle er, Hektor, nicht mehr erleben. Unter Tränen umarmen sich nun die Eheleute, und als Hektor seinen schrecklichen Helm ablegt, streckt endlich auch der kleine Astyanax seine Ärmchen nach dem Vater aus.

Ohne Rücksicht auf sich selbst zieht Hektor nun in den Kampf, und die Griechen weichen vor den entschlossener denn je kämpfenden Trojanern zurück. Allein der mächtige Ajax wagt es, sich Hektor entgegenzustellen, doch auch er vermag nicht mehr, als den Rückzug der Griechen zu decken.

DER TOD DES PATROKLOS

Schon stehen die Trojaner am Lager der Achäer und drohen die Schiffe zu vernichten. Diesmal kehren sie am Abend nicht mehr in ihre Stadt zurück, sondern beziehen am Strand ein Feldlager, von dem aus sie die Griechen weiter bedrohen.

Nun ist Not am Mann. Der alte Nestor rät Agamemnon dringend, sich mit Achill zu versöhnen. Der schickt auch eine Delegation zu dem beleidigten Peliden, die ihn inständig bittet, wieder in den Kampf einzugreifen. Achill empfängt die Abgeordneten höflich, aber bleibt hart. Er werde abreisen, eröffnet er ihnen.

Das ist ein verhängnisvolles Signal. Agamemnon hält deshalb gleich eine Rede an die Führer der Griechen, in der er ihnen anbietet, sie alle möchten doch heimfahren, wenn sie es mit ihrer Kriegerehre vereinbaren könnten, zehn Jahre vergeblich eine Stadt belagert zu haben. Aber erst der Beredsamkeit des Odysseus gelingt es, die Achäerfürsten wirklich zu beschämen und zum Durchhalten entschlossen zu machen.

Solche Entschlossenheit ist auch dringend geboten, denn am nächsten Tag dringen die Trojaner von ihrem Feldlager aus erneut gegen die Schiffe der Griechen vor und beginnen, sie anzuzünden. Ajax steht mit einer eisernen Stange auf dem Wall des Griechenlagers und wehrt, so gut er kann, die Eindringlinge ab.

Nun droht den Griechen nicht mehr nur, dass sie unverrichteter Dinge abziehen müssen. Vielmehr stehen sie nun in Gefahr, dass ihnen der Rückzug zur See abgeschnitten und ihre Streitmacht auf fremdem Boden aufgerieben wird. In dieser Notlage geht Patroklos, Achills liebster Freund und Waffenbruder, zu dem grollenden Peliden und bittet ihn um seine Hilfe. Auch Patroklos kann Achill nicht zum Eingreifen in den Kampf bewegen, doch Achill überlässt ihm seine wunderbare Rüstung und die Waffen, die er von seinem Vater Peleus, dem Götterfreund, erhalten hat: den mächtigen Speer, das unzerbrechliche Schwert, den undurchdringbaren Schild, den prächtigen Brustpanzer und die festen Beinschienen. Begleitet von Achills Myrmidonen, stürzt sich Patroklos in die Schlacht und verbreitet Schrecken unter den Trojanern, die ihn für Achill halten. Schon schickt der neue Held der Griechen sich an, die Stadt zu stürmen, als Apoll ihn zurückhält. Patroklos ist noch erschrocken von der Begegnung mit dem Gott, als schon der Streitwagen Hektors vor ihm auftaucht. Mit einem Steinwurf tötet Patroklos Hektors Wagenlenker, und danach kämpft er mit dem trojanischen Helden um dessen Leiche. Dabei gelingt es Hektor mit Apolls Hilfe, Patroklos mit seinem Speer zu durchbohren. Sterbend kündigt Patroklos Hektor seinen eigenen Untergang an. Hektor aber bemächtigt sich, wie es im Krieg üblich ist, der Rüstung seines unterlegenen Gegners – der Rüstung Achills.

DER WÜTENDE ACHILL UND HEKTORS TOD

Dank einer heldenhaftem Kampfanstrengung gelingt es den Griechen wenigstens, den Leichnam des Patroklos zu bergen. Als Achill ihn erblickt, wird ihm schwarz vor Augen, und seine unsterblichen Pferde – die die Götter einst seinem Vater Peleus geschenkt haben – vergießen wie Menschen Tränen der Trauer. Jetzt ist Achill nur noch von einer Vorstellung beseelt: den Tod seines liebsten Freundes zu rächen.

Thetis, seine Mutter, weiß, dass sie ihn nicht davon abhalten kann, und versucht, ihm wenigstens den besten Schutz zu verschaffen. Sie begibt sich zu dem göttlichen Schmied Hephaistos, der tief unter der Erde die Waffen für die Götter schmiedet. Sei es, weil Hephaistos dem Charme der Thetis erliegt, sei es, weil er seiner Ehefrau Aphrodite, der Beschützerin des Paris, und ihrem Liebhaber Ares eins auswischen will – jedenfalls erklärt sich Hephaistos bereit, ausnahmsweise auch für einen Sterblichen, Thetis' Sohn Achill, Waffen zu schmieden. Und so erhält der junge Pelide die besten Waffen, die je ein Sterblicher sein Eigen nannte.

Als Achill nun öffentlich erklärt, wieder kämpfen zu wollen, sind die Griechen wie befreit: Mit der Hilfe ihres größten Helden, denken sie, werden sie doch noch siegen können, und damit Achill es sich nicht noch einmal anders überlegt, drängen sie Agamemnon, dem Peliden seine geliebte Briseïs zurückzugeben. Agamemnon gibt ihnen diesmal schnell nach und beschenkt Achill zudem mit vielen Schätzen. Das wäre gar nicht nötig gewesen, denn um seines toten Freundes willen geht Achill voller Wut in den Kampf. Er treibt die Trojaner vor sich her, bis sie sich in den Skamander stürzen, und tötet sie auch noch im Wasser des Flusses, das sich von dem vielen Blut rot färbt. Der Gott des Flusses wird zornig ob des Gemetzels in seinem reinen Wasser und schickt sich an, den schwimmenden Achill unter seinen Fluten zu begraben. Nur durch das Eingreifen des Poseidon, dem alle Flussgötter untertan sind, wird der Pelide gerettet. Kaum aus dem Wasser des Flusses aufgetaucht, treibt er die verbliebenen Trojaner vor die Mauern ihrer Stadt. Priamos lässt schnell ein Tor öffnen, um seine Kämpfer zu retten. Allein der mächtige Hektor bleibt draußen, entschlossen, sich Achill in den Weg zu stellen.

Doch als er dem Rasenden gegenübersteht, wird ihm mit einem Mal bange. Er ahnt, dass dies sein letzter Kampf werden könnte, und wendet sich zur Flucht. Achill nimmt sogleich die Verfolgung auf, und dreimal umrunden Achill und Hektor auf ihren Wagen die Stadt. Diesmal wagt es keiner der Götter, schützend seine Hand über den Trojaner zu halten. Hektor weiß nun: Das ist sein Ende. Aber er will, dass dieses Ende eines Helden würdig ist. Bevor er sich zum Kampf stellt, versucht er deshalb, Achill das Versprechen abzuringen, er möge seine ehrenvolle Beisetzung zulassen. Achill in seiner Wut auf den Trojaner, der Patroklos, seinen besten Freund, getötet hat, schlägt dies aber rundweg ab.

Zum Tode entschlossen, springt Hektor vom Wagen und dringt mit dem Schwert auf Achill ein. Doch der kennt die Schwachstellen an der Rüstung des Feindes, die seine eigene ist, und tötet den Trojaner mit seinem Speer, bevor dieser an ihn herankommt. Immer noch rasend vor Wut, zieht Achill dem toten Gegner die Rüstung aus, zieht einen Riemen durch seine Fußsehnen, bindet ihn damit an seinen Wagen und schleift ihn durch Staub und Geröll bis ins Lager der Griechen. Apoll, der Hektor zugetane Gott, der den Tod seines Schützlings nicht hat verhindern können, sorgt nun wenigstens dafür, dass der Leichnam dabei nicht entstellt wird.

Im Griechenlager angelangt, lässt Achill den toten Feind achtlos liegen und widmet sich der Totenfeier für seinen Freund Patroklos, die nun feierlich begangen wird. Als er aber am Abend, immer noch aufgewühlt, in seinem Zelt sitzt, erhält er unerwarteten Besuch. Priamos, Hektors alter Vater, ist mit Hilfe des Götterboten Hermes unbehelligt durch das Lager der Griechen bis zu Achills Zelt vorgedrungen. Der einst so stolze König wirft sich dem Peliden zu Füßen und bittet um die Leiche seines Sohnes. Achill ist betroffen – ihm wird bewusst, dass auch sein Schicksal sich erfüllen wird und dass auch er ein Totenbegängnis haben will, das seinem Ruhm gemäß ist. Er lässt die Leiche Hektors waschen und übergibt sie Priamos. Auch stimmt er einem kurzen Waffenstillstand zu, während dessen Hektors Leiche feierlich verbrannt werden kann.

ACHILL UND PENTHESILEA

Als die Kämpfe wieder aufflammen, sehen sich die Griechen unversehens wieder in der Defensive, denn, angeführt von ihrer strahlenden Königin Penthesilea, sind die Amazonen den Troern zu Hilfe gekommen. Die Amazonen sind ein Volk von Kriegerinnen, die keine Männer in ihrer Mitte dulden. Sie rauben Männer, damit sie sich fortpflanzen können, aber sie verstoßen ihre männlichen Nachkommen und ziehen nur die Mädchen auf, die, wenn sie herangewachsen sind, die Reihen der Kriegerinnen schließen. Ihr Kriegerinnenstolz geht so weit, dass sie sich eine ihrer Brüste abschneiden, damit sie ihnen beim Spannen ihrer gefürchteten Bogen nicht im Weg ist. Amazon heißt auf Griechisch brustlos.

Penthesilea und ihre Gefährtinnen mähen die Griechen nieder wie ein Schnitter das Korn. Auch diesmal kann nur Achill helfen.

Als der Held die Amazonenkönigin erblickt, erkennt er in ihr die einzige Frau, die jemals seinesgleichen sein könnte, und verliebt sich in sie; Penthesilea aber verliebt sich ebenso in den griechischen Helden. Doch das Gesetz des Krieges verlangt, dass sie gegeneinander kämpfen. Nach einem schweren Waffengang gelingt es Achill, die Amazone tödlich zu verwunden. Als sie stirbt, hält er sie trauernd in seinen Armen, und mit brechenden Augen gesteht Penthesilea ihm ihre Liebe.

Lange noch liebkost der Held die Leiche seiner Gegnerin, so lange, bis ein Grieche namens Thersites anfängt, sich über Achill und seine Schwäche den Weibern gegenüber lustig zu machen. Da gibt ihm Achill, so heißt es bei manchen, eine Kopfnuss, von der er sich nicht mehr erholt; bei anderen heißt es, Odysseus habe den geschmacklosen Spötter gründlich durchprügeln lassen.

ACHILLS TOD

Nach dem Tod Penthesileas war Achill nicht mehr der Alte. Natürlich kämpfte er weiter unter den Mauern Trojas und tötete so manchen seiner Gegner. Aber Großes vermochte er nicht mehr auszurichten. In einem letzten Aufwallen seiner Kräfte versuchte er noch einmal, eines der Tore der Stadt zu brechen. Da erschien ihm Apoll, der Schutzherr der Stadt, und forderte ihn mit mächtiger Stimme auf, er solle sich zurückziehen; denn noch war die Zeit Trojas, seiner Helden und seiner stolzen Frauen nicht abgelaufen. Doch Achill ließ sich auch von einem Gott nicht aufhalten – und fällte damit sein eigenes Todesurteil: Apoll spannte für den Trojanerprinzen Paris selbst den Bogen und sorgte dafür, dass dessen Pfeil die Ferse Achills traf, seine einzige verwundbare Stelle. Mit dem Schwert konnte der Trojanerprinz dem verwundeten Helden nun den Todesstoß geben. Paris sollte dieser seiner einzigen nennenswerten Heldentat aber nicht lange froh bleiben, denn wenig später wurde er von einem griechischen Pfeil tödlich getroffen.

Ajax, Odysseus und andere tapfere Griechen gaben ihr Letztes, um wenigstens die Leiche des Peliden gegen die Trojaner zu verteidigen und zu bergen.

Nestor, der weiseste unter den Griechenfürsten, sorgte dafür, dass Achill ein Leichenbegängnis erhielt, das seiner würdig war. Gewaltig war der Scheiterhaufen, in dessen Flammen der Leichnam zu Asche wurde und zu Rauch, der zum Himmel stieg.

Niemand trauerte um den einst so strahlenden Achill so sehr wie Thetis, seine Mutter. Mit ihr aber trauerten so manche der sonst vom Schicksal der Sterblichen meist unbewegten Götter. Es trauerte aber auch Briseïs, die schöne Sklavin, die ihren Herrn von Herzen lieb gewonnen hatte.

Die griechischen Krieger sind betroffen, dass der Tod ihren Besten in so jungen Jahren ereilt hat, aber schon bald wenden sie sich wieder dem Kampf zu, auch dem Kampf um die Rangordnung im eigenen Lager.

So streiten sich nun die größten Helden um die von einem Gott gefertigte Rüstung des Peliden. Sie alle gemeinsam haben, voran Ajax und Odysseus, die Leiche des toten Achill den Trojanern im Kampf entrissen. Dem beredten Odysseus aber gelingt es, sein Verdienst an der Rettungsaktion so gut herauszustreichen, dass die Rüstung ihm zugesprochen wird. Ajax, der der größere Kämpfer ist, empfindet dies als schlimme Demütigung und platzt schier vor Wut. Er werde Odysseus erschlagen, verkündet er lauthals. Diese Ankündigung ruft die Göttin Athene auf den Plan, deren besonderer Schützling der listenreiche Odysseus ist. Sie schlägt den bereits vor Wut rasenden Ajax vollends mit Wahnsinn. Dieser metzelt nun eine ganze Herde von Schafen nieder, die er für Feinde hält, und tötet den Bock, der für ihn Odysseus ist. Nach diesem von den Griechen mit Kopfschütteln betrachteten Massaker heilt Athene Ajax wieder von seinem Wahn, und der Held betrachtet entsetzt, was er angerichtet hat. Verzweifelt über seine Schande und darüber, dass die Götter sich von ihm abgewandt haben, stürzt Ajax sich in sein eigenes Schwert.

DAS HÖLZERNE PFERD

Die größten Helden des Kriegs um Troja sind nun tot, auf beiden Seiten: Hektor und Achill, Paris und Ajax. Kein Kämpfer ist mehr da, der durch seine Heldenkraft dem Kampf eine entscheidende Wendung geben könnte. Daran ändert auch nichts, dass die Griechen Neoptolemos, den Sohn des Achill, der bei Kriegsbeginn noch ein Kind war, aus seiner Heimat holen, damit er die griechischen Krieger führe. Neoptolemos erweist sich als seines Vaters würdig, und dennoch kann auch er das Kriegsgeschick nicht wirklich beeinflussen. Die Stadt Troja ist hinter ihren Mauern sicher, und eigentlich bleibt den Griechen nur der schmähliche Abzug.

Dies ist die Stunde des weisen Sehers Kalchas. Er erklärt den versammelten Griechen, dass Kraft und Mut allein nichts mehr ausrichten können und dass sie in eine ganz andere Richtung denken sollten. Nur eine kluge List könne ihnen noch zum Erfolg verhelfen.

Für Listen aber ist bei den Griechen Odysseus zuständig, und tatsächlich trägt er den Griechen wenig später seinen Plan vor: Ein gewaltiges hölzernes Pferd solle angefertigt werden, in dessen hohlem Leib die besten griechischen Kämpfer Platz hätten, und die Trojaner sollten dazu gebracht werden, dieses Pferd in ihre Stadt zu bringen. Der Plan wird angenommen, denn er bedeutet die letzte Chance für die Griechen, doch noch zu einem Sieg zu kommen.

Eifrig schaffen nun die Griechen vom waldreichen Berg Ida die besten Baumstämme heran, aus deren Holz der Held Epeios, der ein großer Kunsthandwerker ist, mit Hilfe der kunstfertigen Göttin Athene in kurzer Zeit eine riesige Pferdestatue fertigt. In den Bauch des Pferdes ist eine verschließbare Klappe eingelassen, durch die über eine Leiter die größten Helden der Griechen in das Innere des hölzernen Wunderwerks steigen: Odysseus, Menelaos, Diomedes, Epeios, der Künstler, selbst und einige andere. Unterdessen wird das Lager abgebrochen, und Agamemnon sticht mit der Hauptstreitmacht der Griechen in See. Die Flotte verbirgt sich hinter einer nahe gelegenen Insel.

DER UNTERGANG TROJAS

Die Troer beobachten triumphierend, wie die Griechen abziehen, doch das gewaltige hölzerne Pferd, das da an ihrem Strand steht, beäugen sie misstrauisch. Aber auch das hat der listenreiche Odysseus in seinem Plan vorhergesehen. Er hat einen schauspielerisch begabten und unerschrockenen Griechen namens Sinon gefunden und ihm folgende Rolle aufgegeben: Sinon, nur noch in Fetzen gekleidet und am ganzen Körper zerschunden, taucht aus dem Schilf am Rande des Skamander auf, wird von den Trojanern aufgegriffen und erklärt ihnen, die Griechen hätten ihn der großen Athene opfern wollen. Denn durch frevlerisches Handeln hätten sie den Zorn ihrer Schutzgöttin verursacht. Er sei mit letzter Kraft entsprungen, bevor die Griechen das schreckliche Menschenopfer darbringen konnten. Auch das hölzerne Pferd sei ein Sühnopfer für die Göttin. Mit ihm hätten die Griechen, wenn ihnen denn schon die Eroberung Trojas verwehrt war, wenigstens eine sichere Heimkehr erreichen wollen. Wenn nun aber die Troer es in die Stadt holten, so hätten sie die mächtige Athene für sich gewonnen; allerdings hätten die Griechen es vorsichtshalber so groß gebaut, dass es durch kein Tor passe.

Diese Rede überzeugt die meisten Troer, und begeistert beginnen sie, eine Bresche in die Mauer ihrer Stadt zu brechen, um das Wunderpferd hineinzuholen.

Aber nicht alle Trojaner sind so gutgläubig. Verzweifelt warnt Laokoon, der mächtige Priester des trojanischen Schutzgottes Apoll, vor dem drohenden Verhängnis. Sein »Was es auch ist, ich misstrau den Danaern (den Griechen), auch ihren Geschenken« ist zum geflügelten Wort geworden. Laokoon schlägt mit seinem Stab an das Pferd, sodass die Waffen in seinem hohlen Inneren klirren. Schon beginnen die ersten Trojaner stutzig zu werden. Da schickt Athene drei riesige Meerschlangen, die Laokoon und seine beiden Söhne umschlingen und mit ihrem Giftbiss töten. Dies nehmen die Troer als Zeichen, dass die Götter mit dem Priester nicht einverstanden sind, und beginnen, das riesige Ross in ihre Stadt zu ziehen.

Da meldet sich Kassandra, die Tochter des Priamos und der Hekabe, zu Wort, und kündigt mit bewegenden Worten den Untergang der Stadt an. Schon manches Mal hat sie den Trojanern das drohende Unheil angekündigt, doch niemand hat je auf sie gehört. Und damit hatte es folgende Bewandtnis: Apoll, der Gott des zu-

kunftskundigen Orakels, hatte sich einst in die schöne trojanische Prinzessin Kassandra verliebt und ihr im Überschwang seiner Gefühle die Gabe der Weissagung verliehen. Doch als die Sterbliche spröde blieb und sich der Zudringlichkeiten Apolls erwehrte, zürnte ihr der Gott. Und da er ihr die Gabe, die er ihr verliehen hatte, nicht wieder wegnehmen konnte, verfluchte er die junge Frau derart, dass niemand je auf ihre Warnungen hören sollte. Die sprichwörtlichen Kassandrarufe gingen also stets ins Leere. Auch diesmal hören die Trojaner Kassandra nicht an.

Als das hölzerne Pferd endlich mitten in der Stadt steht, feiern die Trojaner die Gunst der Götter, in der sie sich wähnen, und ihren vermeintlichen Sieg mit einem großen Fest. Opfer werden dargebracht, Musik erklingt, und die Krieger sprechen dem süßen Wein zu. Sobald er aber die meisten Trojaner berauscht und schlafend weiß, gibt Sinon, der Spion der Achäer, der griechischen Flotte unten vom Strand aus mit einer Fackel das vereinbarte Lichtzeichen, und sogleich legen sich die Krieger auf den Schiffen mit aller Kraft in die Riemen und rudern zum troischen Strand; ohne Säumen eilen sie von dort zur Stadt.

Unterdessen schleicht Sinon zum hölzernen Pferd und bedeutet den darin verborgenen Kriegern mit einem Klopfzeichen, dass jetzt der richtige Moment für sie ist, herauszukommen.

Kaum stehen die griechischen Kämpfer in den Gassen Trojas, beginnen sie, die nichtsahnenden Männer, auf die sie stoßen, erbarmungslos niederzumetzeln und die Häuser in Brand zu stecken, um dadurch die Verwirrung der Trojaner noch größer zu machen. Als die Hauptstreitmacht der Griechen durch die von den Trojanern selbst in die Mauer ihrer Stadt gebrochene Bresche dringen, stoßen sie auf keinen nennenswerten Widerstand mehr, und in einem wahren Blutrausch machen sie die Männer nieder und treiben die Frauen zusammen. Zuletzt dringen sie auch in die Königsburg oben in der Oberstadt ein, allen voran Achills Sohn Neoptolemos, den es nach Rache für seinen Vater dürstet. Er tötet die Söhne des Priamos und reißt Astyanax, den Sohn Hektors, aus den Armen seiner Mutter Andromache, um das Kind auf den Stufen einer Treppe zu zerschmettern. Schließlich enthauptet er auch den greisen König, nachdem dieser den Mord an seinem Enkel hat mit ansehen müssen. Der Gott, an dessen Altar er sich geflüchtet hat, kann Priamos nicht helfen.

Auf die trojanischen Frauen aber wartet die Sklaverei. Andromache muss Neoptolemos folgen, dem Mörder ihres Kindes; Agamemnon beansprucht Kassandra für sich, und Odysseus nimmt Hekabe, die Königin, als Siegestrophäe mit sich. Nur Helena, die Ursache alles dieses Schreckens, verlässt Troja als freie Frau; denn als Menelaos sie endlich gefunden und Deiphobos, ihren Liebhaber seit Paris' Tod, getötet hat, ist er trotz aller Rachepläne, die er gehegt hatte, sogleich wieder von ihrer Schönheit ergriffen und vermag ihr keine Gewalt anzutun – sie steht noch immer unter dem Schutz ihrer göttlichen Freundin Aphrodite, mit der sie so viel gemein hat.

Und da ist noch jemand, der dank Aphrodites Beistand als freier Mensch aus dem brennenden Troja entkommen kann: der Held Äneas.

ÄNEAS

Äneas stand einfach deshalb unter dem ganz besonderen Schutz Aphrodites, weil sie seine Mutter war. Anchises, ein Fürst aus der mit Troja verbundenen Stadt Dardania, hatte ihn einst mit der Göttin gezeugt.

Den greisen Anchises trug Äneas auf dem Rücken, als er Troja hinter sich ließ; an der einen Hand führte er seinen Sohn Askanios, mit der anderen hielt er die Bilder seiner Hausgötter, der Laren, umfasst.

Äneas war geweissagt worden, er werde König von Troja werden. Dies konnte nun nurmehr bedeuten, dass er dereinst ein neues Troja mit denselben göttlichen Bewachern der Häuser gründen und beherrschen würde.

Die Weissagung sollte sich nicht wörtlich erfüllen, sondern nur in einem übertragenen Sinn. Äneas gelangte mit seinen wie das hölzerne Pferd aus den Bäumen des Berges Ida gezimmerten Schiffen nach einer langen Irrfahrt, die ihn bis nach Karthago in Afrika und schließlich sogar in die Unterwelt führte, nach Italien in die Landschaft Latium, wo er die Tochter des Landesfürsten Latinus heiratete. Doch das neue Troja zu gründen war erst einem seiner Nachkommen vergönnt, Romulus, dem Gründer und ersten König Roms. Der Kult der Hausgötter, der Laren, den Äneas einst aus Troja nach Italien gebracht hatte, sollte aber in Rom eine große Rolle spielen: In keinem Haus durfte das Heiligtum der Laren fehlen, denn die Gottheiten wachten über das Glück der Familie.

Die vornehmste Familie Roms aber waren die Julier, die ihren Stamm auf Iulus, das ist der lateinische Name des Askanios, und damit auch auf Äneas und Aphrodite zurückführten. Aus dieser Familie stammten Cäsar und Augustus, die Rom, das neue Troja, zur Hauptstadt der Welt machten.

DAS SCHICKSAL DER GRIECHISCHEN HELDEN NACH DEM FALL TROJAS

Nicht alle Götter waren mit dem Untergang des mächtigen Troja einverstanden gewesen, und so sorgten die Feinde der Griechen unter ihnen dafür, dass der Triumph der Achäer über Troja nicht immer auch zu ihrem Glück führte.

So gelangte der strahlende Diomedes, der Liebling der Athene, ohne größere Schwierigkeiten ins heimatliche Argos zurück, musste dort aber feststellen, dass er trotz aller Heldentaten keinerlei Anspruch auf die Thronfolge hatte. Außerdem hatte seine Frau in den langen Jahren seiner Abwesenheit einen anderen erwählt. Enttäuscht wanderte Diomedes nach Italien aus, wo er eine Stadt gründete. Dort traf er auf seinen alten Feind Äneas, doch Aphrodite verhinderte auch diesmal, dass Diomedes dem Äneas auch nur ein Haar krümmte, denn sie hatte ihm nicht die Verwundung verziehen, die er ihr damals, vor Troja, beigebracht hatte, als sie ihren Sohn vor seinem Wüten schützte.

Neoptolemos, Achills Sohn, gelangte dank der Hilfe seiner Großmutter Thetis sicher übers Meer in seine Heimat zurück und herrschte dort unangefochten. Er heiratete Hermione, die Tochter von Helena und Menelaos. Anscheinend behandelte er auch seine Sklavin und Nebenfrau Andromache verhältnismäßig anständig: Er überließ sie mit den drei Kindern, die sie von ihm hatte, dem trojanischen Seher Helenos, den er mit ihr aus Troja entführt hatte und der sich eine wichtige Stellung an der Seite des jungen Fürsten verschafft hatte. Trotz allen Glücks blieb Neoptolemos jedoch immer noch von dem Gedanken beherrscht, Rache für seinen Vater nehmen zu müssen. Und so ging er nach Delphi ins Heiligtum Apolls und forderte den Gott selbst, den er nicht zu Unrecht für den eigentlichen Mörder Achills hielt, zum Kampf heraus. Apoll aber zögerte nicht, den dreisten Sterblichen zu töten.

Menelaos, der Helena und mit ihr seine Ehre wiedererlangt hatte, konnte nicht sogleich mit ihr wieder im heimatlichen Sparta herrschen, sondern verlor in einem Sturm die meisten Schiffe seiner Flotte und wurde nach Ägypten verschlagen. Erst nach manchen Abenteuern gelangte er mit Helena wieder ins heimatliche Sparta. Von nun an aber erfreuten Helena und er sich der Gunst der Götter.

Das tragischste Schicksal aller Heimkehrenden aber ereilte Menelaos' Bruder Agamemnon, den Anführer der Griechen im Kampf um Troja.

DER FLUCH DER ATRIDEN UND AGAMEMNONS ENDE

Agamemnons Vater war Atreus, und über Atreus und seinen Nachkommen, den Atriden, lag ein Fluch. Denn Atreus hatte, um die Königsherrschaft über Mykene zu erringen, nicht nur gemeinsam mit seinem Bruder Thyestes seinen Stiefbruder ermordet, sondern schließlich auch die Söhne des Thyestes, der ebenfalls zu seinem Rivalen geworden war. Er hatte sie zerstückelt und Thyestes als Speise dargeboten – so wie sein Großvater Tantalos einst seinen eigenen Sohn Pelops, Atreus' Vater, den Göttern als Fleischspeise vorgesetzt hatte. Tantalos war für seinen Frevel von den Göttern in die Unterwelt verbannt worden, wo er die sprichwörtlichen Tantalosqualen durchlitt: Er stand in einem See, und doch hatte er schrecklichen Durst, denn er war so gefesselt, dass er das Wasser des Sees nicht trinken konnte, über ihm aber hingen von Bäumen die leckersten Früchte, doch er konnte sie nicht ergreifen und stöhnte vor bohrendem Hunger. Und wie Tantalos, sein Vorfahr, entging auch Atreus seiner Strafe nicht.

Er heiratete nämlich seine Nichte Pelopeia, die Tochter des Thyestes, ohne zu ahnen, dass sie von ihrem eigenen Vater schwanger war. So erzog Atreus Ägisth, den Sohn seines feindlichen Bruders, als seinen eigenen Nachkommen. Erst als Ägisth von Atreus den Auftrag erhielt, Thyestes, der in Atreus' Gefangenschaft geraten war, zu ermorden, erfuhr er von seiner Herkunft und brachte statt des Thyestes seinen falschen Vater Atreus um.

Danach herrschte Thyestes für kurze Zeit über Mykene – bis ihm Atreus' Sohn Agamemnon erfolgreich die Herrschaft streitig machte und ihn mit seinem Sohn Ägisth in die Verbannung zwang. Ägisth sah sich aber immer noch als den wahren

Erben des Throns von Mykene an, und tatsächlich sollte er ihn eines Tages besteigen.

Und dazu kam es so: Klytämnestra, die Frau Agamemnons, verübelte ihrem Mann, dass er sie allein in Mykene zurückließ, um in sein kriegerisches Abenteuer vor Troja zu ziehen. Und als sie auf Aulis Zeugin davon wurde, dass Agamemnon bereit war, Iphigenie, die gemeinsame Tochter, um eines erfolgreichen Kriegszugs willen zu opfern, begann sie ihn zu hassen. Wieder in Mykene, rief sie Ägisth in seine Vaterstadt zurück, reichte ihm ihre Hand zur Ehe und verhalf ihm so auf den Thron.

Als Agamemnon nun, von alledem nichts ahnend, aus Troja heimkehrte, empfing Klytämnestra ihn mit gespielter Freundlichkeit. Sie geleitete den Helden ins Bad, wo er sich für die Willkommensfeierlichkeiten erfrischen sollte. Dort aber warf Ägisth ein Netz über ihn; gemeinsam mit Klytämnestra erstach er den hilflos in dem Netz zappelnden Nebenbuhler. Dreimal stieß die Königin selbst ihren Dolch in den Leib des verhassten Gemahls. Und wenig später sorgte sie dafür, dass ihre Rivalin, die schöne traurige trojanische Prinzessin Kassandra, umgebracht wurde.

ORESTS SCHULD

Die Mykener nahmen den Tod ihres alten Königs hin, zu sehr hatten sie sich schon an den neuen gewöhnt. Doch die – nach der auf Aulis geopferten Iphigenie – ältesten Kinder des Agamemnon und der Klytämnestra, Elektra und Orest, trauerten um ihren Vater und sannen auf Rache gegen ihre Mutter und ihren neuen Gemahl. Dies blieb der misstrauischen Klytämnestra nicht verborgen, und sie begann zu überlegen, wie sie ihren Sohn Orest unschädlich machen könne. Deshalb sorgten die Schwester Elektra und der treue Erzieher des Prinzen gemeinsam dafür, dass Orest Mykene verließ. Er fand bei Verwandten an einem anderen griechischen Königshof Unterschlupf, und in dem gleichaltrigen Prinzen Pylades gewann er dort einen treuen Freund fürs Leben.

Als Orest erwachsen war, begab er sich nach Delphi zu dem großen Orakel Apolls und bat den Gott um Rat in der schwierigen Frage, ob er die Rache, die er seinem Vater schuldig war, auch an seiner eigenen Mutter üben solle oder dürfe. Der Gott blieb ihm ein eindeutiges Urteil schuldig, und das nahm Orest als Bestätigung für seine Rachepläne. Mit Pylades begab er sich nach Mykene, wo ihn niemand wiedererkannte. Er behauptete, er sei gekommen, um der königlichen Familie die Kunde zu überbringen, dass Orest in Delphi beim Wagenrennen ums Leben gekommen sei. Elektra sank bei dieser Nachricht in Ohnmacht, und Klytämnestra nahm sie mit gemischten Gefühlen auf. Als aber Orest am Grabmal Agamemnons ein Opfer darbrachte und Elektra, die ebenfalls ihres Vaters gedenken wollte, dort auf ihn stieß, erkannten sich Bruder und Schwester. Elektra bestärkte Orest nun in seinem Vorsatz, die Mörder ihres gemeinsamen Vaters, Mutter und Stiefvater, zu töten, und sie riet ihm und seinem Freund Pylades, wie sie dabei vorgehen sollten.

Sobald Orest und Pylades durch Elektra wussten, dass Ägisth außer Hauses war, drangen sie in den Palast ein und töteten Klytämnestra. Als Ägisth heimkehrte, fand er die jungen Männer an der Seite einer verdeckten Leiche – der Leiche Orests, wie ihm weisgemacht wurde. Als er aber die Leiche aufdeckte und der toten Klytämnestra ansichtig wurde, trafen ihn die Dolche der Rächer.

Orest hatte nun seine heilige Pflicht erfüllt, den Mord an seinem Vater zu rächen. Doch dafür hatte er das schlimmste aller Verbrechen begangen – Muttermord. Und solche Verbrechen wurden von den Erinnyen bestraft, den schwarzen, bösen Rachegöttinnen, deren Haare Schlangen waren. Die Erinnyen, Verkörperungen von Fluch und schlechtem Gewissen, trieben also Orest vor sich her, von einem Ort Griechenlands zum anderen, und nirgends konnte er Ruhe finden. Er hätte seinem Leben selbst ein Ende gesetzt, wenn nicht sein treuer Freund Pylades ihm immer wieder Mut zugesprochen hätte. So gelangte Orest erneut nach Delphi und bat dort den mächtigen Apoll um Hilfe. Dieser gab ihm den Rat, sich nach Athen zu begeben, wo seine weise Halbschwester Athene herrschte. Stets die Erinnyen auf den Fersen, gelangte Orest nach Athen und flehte die Göttin um Beistand an. Und Athene, die vor Troja schon stets auf der Seite Agamemnons gestanden hatte, erbarmte sich seines Sohns, Orests. Allerdings konnte auch sie die Mächte des Schicksals nicht allein bannen. So verwies sie Orest an den Areopag, das ehrwürdige Gericht der Stadt. Die Richter waren hin und her gerissen, ob sie Orest wegen des aus gerechter Rache geschehenen Muttermords schuldig- oder freisprechen sollten. Am Ende stimmten ebenso viele von ihnen für wie gegen Orest. Da gab

Athene als Vorsitzende des Gerichts mit ihrer Stimme den Ausschlag. Orest war freigesprochen, und das unerbittliche Gesetz der Blutrache, das die Erinnyen verkörperten, war gebrochen.

Zusammen mit dem schrecklichen Gesetz der Blutrache sollte nach dem Ratschluss der Götter auch eine andere uralte Sitte abgeschafft werden, nämlich das Menschenopfer. Und Orest war ausersehen, dies durchzusetzen.

OREST UND IPHIGENIE IN TAURIS

Orest war nun von seiner Blutschuld freigesprochen, doch noch immer lag der Fluch, den die Götter über das Haus der Atriden verhängt hatten, auf seiner Seele. Vom schlechten Gewissen gepeinigt, begab er sich mit Pylades ein weiteres Mal nach Delphi, um sich göttlichen Rat zu holen. Diesmal erhielt er von Apoll einen klaren Auftrag: Er möge sich in die Landschaft Tauris begeben, wo Barbaren ein hölzernes Standbild seiner, Apolls, Zwillingsschwester Artemis verehrten. Dies solle er rauben und nach Griechenland bringen, damit Artemis dort ein freundlicherer Kult zuteil werde. Die Taurier hatten nämlich die grauenvolle Gewohnheit, Fremde, die ins Land kamen, zu töten und ihrer Artemis zu opfern, in der Meinung, sie könnten so die mächtige Göttin für sich günstig stimmen.

Der Auftrag Apolls war nicht ungefährlich, denn als Orest und Pylades sich nach Tauris gegeben, liefen sie natürlich Gefahr, selbst der Göttin geopfert zu werden. Und tatsächlich: Als die Freunde bei Nacht und Nebel an der taurischen Küste landeten, an einer Stelle, wo eine Rinderherde gerade Kühlung im Wasser suchte, wurde Orest wieder von dem Wahn ergriffen, mit dem die Erinnyen ihn zuvor so manches Mal geschlagen hatten; er hielt die Rinder für finstere Dämonen, ging auf sie los und richtete ein fürchterliches Blutbad an. Wenig später hatten die Hirten der Gegend Orest und Pylades überwältigt und schleppten sie vor ihren König Thoas. Thoas aber übergab sie ohne Zögern seiner Priesterin – damit sie sie der Artemis opfere.

Diese Priesterin aber war niemand anderes als Iphigenie, Orests Schwester. Artemis hatte sie einst vom Opferaltar auf Aulis hierhin entführt, damit sie ihr in ihrem Heiligtum diene. Orest und Pylades wurden vor Iphigenie geführt, und da die jungen Männer der Priesterin gefielen, ließ sie ihnen die Fesseln abnehmen und befragte sie nach ihrer Herkunft. Orest wollte angesichts seiner Henkerin nicht antworten, aber geschickt verstand es Iphigenie, ihm zu entlocken, dass er aus Mykene stamme, und schließlich erfuhr sie durch ihn von dem schrecklichen Tod Agamemnons, wie es dazu gekommen und was danach geschehen war. Und als sie erschüttert die Freunde bat, eine Botschaft an ihren Bruder Orest zu übermitteln, erkannten sich Bruder und Schwester, und Pylades fiel in ihre Wiedersehensfreude ein.

Iphigenie nahm es in die Hand, für sich, ihren Bruder und seinen Freund einen Weg in die Freiheit zu finden. Sie erklärte am nächsten Tag dem König Thoas, der bereits ungeduldig auf die Ausführung des Opfers wartete, es habe sich herausgestellt, dass die Fremden so große Frevler seien, dass die Göttin sich weigere, ihr Opfer anzunehmen. Um dies zu erklären, erzählte sie wahrheitsgemäß die Geschichte von dem Mord Orests an seiner eigenen Mutter. Sie müsse, fuhr sie fort, die Frevler und das Standbild der Göttin unten am Strand entsühnen, bevor sie zum Opfer schreiten könne. Währenddessen möge er, Thoas, den Tempel reinigen und die Bürger der Stadt veranlassen, in ihren Häusern zu bleiben. Thoas schöpfte keinen Verdacht und tat, wie die Priesterin ihn geheißen hatte. Damit ermöglichte er, dass sich Iphigenie mit Orest und Pylades – und dem Bild der Artemis – unten am Strand einschifften und heimlich Tauris verließen.

Thoas, der, sobald er von der Flucht seiner Priesterin mit den Fremden erfuhr, vor Wut schäumte, wurde durch Athene davon abgehalten, Rache zu üben; das Standbild der Artemis aber fand eine neue Heimat in Athen, wo Iphigenie der Göttin weiterhin als Priesterin diente. Orest aber bestieg den Thron seines Vaters in Mykene und verheiratete seinen treuen Freund Pylades mit seiner geliebten Schwester Elektra.

Soweit hatten die dramatischen Geschehnisse um die Rückkehr der Griechen von Troja ein mehr oder weniger glückliches Ende gefunden – nur einer der Helden, die vor Troja gekämpft hatten, war noch immer nicht nach Hause gelangt: der listenreiche Odysseus.

Die Sage von dem klugen König, tapferen Krieger und weltgewandten Seefahrer Odysseus war bei den alten Griechen besonders beliebt, weil sie deutlich machte, dass ein Held, ein Heros, große Taten nicht nur wegen seiner göttlichen Herkunft und einer ungewöhnlichen Körperkraft vollbringen konnte, sondern auch wegen seiner Klugheit und seinem Gespür im Umgang mit Menschen und Göttern. Odysseus, der »listenreiche«, war der menschlichste unter den gefeierten Helden der Griechen.

ODYSSEUS SEHNT SICH NACH SEINER HEIMAT

Neun Jahre schon waren seit dem Untergang Trojas vergangen, und Odysseus, der seinerzeit mit einer ganzen Flotte beutebeladener Schiffe von Troja aus in See gestochen war, um nach zehn Jahren Krieg endlich in die Heimat zurückzukehren, hatte sein geliebtes Ithaka noch immer nicht erreicht. Alle seine Schiffe hatte er verloren, und mit ihnen auch alle seine Gefährten. Sie selbst hatten ihren Untergang heraufbeschworen, denn sie hatten frevlerisch, allen Mahnungen zum Trotz, Rinder getötet und verzehrt, die dem Sonnengott Helios gehörten. Und nun saß Odysseus auf der Insel der mächtigen Zauberin Kalypso fest, die ihn zum Manne haben wollte. Doch je länger er bei Kalypso weilte, desto mehr sehnte er sich zurück nach Ithaka, der Insel, auf der er einst als König geherrscht hatte, nach Penelope, seiner schönen Frau, und nach Telemach, seinem Sohn, der nun schon ein junger Mann sein musste. Aber er konnte die Seefahrt nach Hause nicht wagen, denn über das Meer herrschte der große Poseidon, und der war Odysseus' Feind, seit der Griechenheld den Sohn des Meeresgottes, den Zyklopen Polyphem, geblendet hatte.

Es begab sich aber, dass die olympischen Götter am Ende dieses neunten Jahres seit dem Beginn der Irrfahrten des Odysseus wieder einmal beim Mahle beisammensaßen und sich darüber lustig machten, dass die Menschen sie, die Götter, für das Verhängnis ihrer Helden verantwortlich machten, wo doch die Menschen selbst für ihr Unglück sorgten – wie Ägisth und Klytemnästra, die durch ihren Mord an Agamemnon selbst herausgefordert hatten, dass der tapfere Orest sie tötete. Und während die Götter so redeten, nutzte die blauäugige Athene, Zeus' Lieblingstochter, die Gelegenheit, dass Odysseus' Feind Poseidon diesmal nicht am Göttergelage teilnahm, um sich bei ihrem Vater für ihren Liebling zu verwenden: Odysseus solle nach so vielem Leid doch endlich die Heimkehr erlaubt sein. Zeus zögerte, doch er sagte nicht nein. Das genügte Athene.

ATHENE BESUCHT ODYSSEUS' SOHN TELEMACH

Sogleich begab sich Athene nach Ithaka zu Telemach, dem Sohn des Odysseus. Dort nahm sie die Gestalt eines reichen Kaufmanns an, dessen Schiff am Strand von Ithaka gelandet war. Telemach empfing den Fremden, wie es einem vornehmen Gastfreund gebührt, mit Wein und gebratenem Fleisch und mancherlei Gemüse, und bald schon fasste er Vertrauen zu seinem Gast. Er berichtete ihm, wie sehr er die Rückkehr seines Vaters herbeisehnte, aber auch, dass er sie gar nicht mehr erwarte. Gewiss sei seine Leiche an irgendeinen Strand gespült worden, und seine Knochen seien schon längst von der Sonne gebleicht. Und weil niemand mehr an Odysseus' Rückkehr glaubte, seien aus allen Gegenden Griechenlands mächtige Männer herbeigekommen, die um seine Mutter, Odysseus' Gemahlin Penelope, freiten. Dabei sei es ihnen aber nicht so sehr um seine schöne Mutter zu tun als vielmehr um das reiche Ithaka.

Athene, immer noch in der Verkleidung des Kaufmanns, ermutigte Telemach: Noch sei es überhaupt nicht ausgemacht, dass Odysseus ums Leben gekommen sei, und selbst wenn es so wäre, sei er, Telemach, der legitime Erbe des Königreichs Ithaka. Um sich Gewissheit über das Schicksal seines Vaters zu verschaffen, solle er zu den Fürsten reisen, die glücklich von dem trojanischen Kriegszug zurückgekehrt seien: zu dem greisen Nestor in Pylos und zu Menelaos und seiner Frau, der schönen Helena, in Sparta.

Nach dem Gespräch mit Athene spürte Telemach, wie neuer Mut durch seine Adern rann. Am nächsten Morgen versammelte er die Freier seiner Mutter und eröffnete ihnen, dass er keineswegs gewillt sei, auf das Königreich seines Vaters zu verzichten, der übrigens durchaus noch nicht zu den Toten gezählt werden könne. Er selbst werde in Pylos und Sparta sich nach dem Schicksal seines Vaters erkundigen. Sie aber, die Freier seiner Mutter, sollten Ithaka, das Land des Odysseus, schleunigst verlassen. Da verlachten die versammelten Freier den Jüngling: Er wisse doch noch nicht einmal, wie er außer Landes gelangen solle, denn er verfüge über kein einziges Schiff!

Zornbebend begab sich Telemach an den Strand und betete zu Athene. Und die Göttin erschien ihm in Gestalt eines weltgewandten Mannes, der sich Mentor nannte, und versprach Telemach, ihm ein Schiff samt Besatzung zu verschaffen. Telemach begab sich nun zu der treuen Dienerin Eurykleia, die Odysseus und schon dessen Vater Laërtes gedient hatte, und bat sie, den Mundvorrat für seine Reise zu beschaffen. Noch in der Nacht aber ging er an Bord des Schiffes, das Athene ihm geschickt hatte.

In der Gestalt Mentors nahm sich die Göttin des Jünglings an und geleitete ihn an den Hof des alten Nestor, der das Loblied des Helden Odysseus sang, aber nichts über seinen Verbleib zu sagen wusste. Mentor begleitete Telemach auch an den Hof von Sparta, wo der Königssohn von Menelaos und Helena prächtig bewirtet wurde. Um Telemach Mut zu machen, berichteten Helena und Menelaos von ihrer schwierigen Heimfahrt aus Troja, die sie über das ferne Ägypten geführt hatte; auch Odysseus möchte zu manchen Umwegen gezwungen gewesen sein. Doch über Odysseus' wirkliches Schicksal wussten auch sie nichts zu sagen.

Während Telemach am Hof von Sparta weilte, sannen die Freier seiner Mutter darauf, ihn bei seiner Rückkehr zu töten, um den rechtmäßigen Erben des Königreichs von Ithaka aus dem Weg zu räumen.

ODYSSEUS' ABSCHIED VON KALYPSO UND SEINE NOT IM MEER

Zeus hatte sich entschieden, Odysseus die Heimkehr zu erlauben. Deshalb sandte er seinen Boten, den Gott Hermes, zu der zauberkundigen Nymphe Kalypso, die ihn nun schon seit sieben Jahren festhielt. Hermes zog seine geflügelten Sandalen an und schwebte zu der Insel Ogygia, über die Kalypso herrschte. Er traf sie bei der Grotte an, in der sie wohnte, inmitten eines wasserreichen grünen Tals, wo neben saftigen Wiesen stattliche Wälder standen und üppig der Wein wuchs. Odysseus aber begegnete er nicht, denn der saß wie so oft am Strand und weinte vor Heimweh nach seinem Reich, seiner Frau und seinem Sohn.

Hermes offenbarte der mächtigen Zauberin den Ratschluss der Götter, dass sie dem Helden, ihrem Geliebten, die Heimfahrt ermöglichen müsse. Kalypso war wütend und traurig zugleich: »Warum lassen die Götter niemals zu«, klagte sie, »dass eine Göttin mit einem Sterblichen glücklich wird! Den herrlichen Orion, in den Eos, die Göttin der Morgenröte verliebt war, haben sie als Sternbild an den Himmel entrückt, und den schönen Adonis, den Liebsten der mächtigen Aphrodite, haben sie eines grausamen Todes sterben lassen.«

Aber ihre Klagen halfen nichts; Kalypso musste sich dem Ratschluss der Götter fügen. Am Abend – Hermes war längst wieder abgereist – bewirtete sie Odysseus mit Nektar und Ambrosia, den Speisen der Götter, und sagte ihm ihre Hilfe zu, falls er sich wirklich von ihr trennen wolle. Immer noch hoffte sie, Odysseus werde aus freien Stücken bei ihr bleiben. Odysseus war aber schon längst der Liebesbeteuerungen der Nymphe überdrüssig und freute sich über die Neuigkeit. Er werde Schlimmes leiden, allein im großen Meer, drohte Kalypso nun. Odysseus schreckte das nicht, und er fragte seine Gastgeberin, wie er denn von der Insel fortkommen solle. Sie werde ihm das Werkzeug geben, sich ein Floß zu zimmern, entgegnete die göttliche Nymphe. »Ein Floß?«, fragte Odysseus. Könne sie ihm denn zusagen, dass er mit einem solchen roh gezimmerten Gefährt weiterkommen werde? Das möchte sie ihm bitte unter Eid beschwören. »Du bist solch ein Kluger«, entgegnete ihm die Zauberin, »stets wägst du alles ab und suchst nach der größtmöglichen Sicherheit.« Und sie schwor beim Unterweltfluss Styx – das ist der heiligste der Eide bei den Göttern –, dass er sicheres Land erreichen werde.

Da wurde Odysseus froh, und mit der Axt, die Kalypso ihm gab, fällte er die Bäume, die sie ihm bezeichnete, durchbohrte sie mit Kalypsos Bohrer und verband sie mit Stricken zu einem festen Floß. Darauf errichtete er einen Mastbaum, befestigte an ihm eine Querstange und zog daran das Segel auf, das er aus den Tüchern verfertigte, die Kalypso ihm gab. Nach vier Tagen war das Floß fertig, und am Morgen des fünften Tages geleitete Kalypso, angetan mit ihren schönsten Gewändern, ihren Odysseus zum Strand. Noch immer vermochte sie nicht zu verstehen, warum er ihr seine Penelope vorzog, die doch nicht so schön sein konnte wie sie, denn sie war wie alle Götter ewig jung.

Odysseus hisste das Segel und fuhr bei günstigem Wind über das endlose Meer, und endlich sah er Land, die felsige Küste der Insel der Phäaken.

Unterdessen aber war Poseidon, der Herr der Meeresstürme, von seiner Reise heimgekehrt, die Odysseus' Freundin Athene genutzt hatte, um den für ihren Schützling günstigen Ratschluss der Götter herbeizuführen. Er sah Odysseus glücklich über das Meer fahren und geriet in Zorn. Sogleich sorgte er dafür, dass schwarze Wolken aufzogen und ein fürchterlicher Sturm über das Meer fegte. Eine riesige Welle spülte Odysseus über Bord, doch der Held erreichte schwimmend wieder sein Floß. Dann brachen Mast und Steuerruder; schließlich zerschlug eine weitere Welle das jämmerliche Fahrzeug endgültig. Odysseus hielt sich an einem der Balken fest und setzte sich rittlings auf ihn. Als er aber die Küste deutlich vor sich sah, ließ er den Balken los und schwamm dem Land entgegen. Zwei Tage und zwei Nächte verbrachte er in dem tosenden Meer, bis sich die Leukothea, die weiße Göttin der Wogenkämme, seiner erbarmte und ihm ihren Schleier lieh, der vor dem Ertrinken rettet. Ihn wand Odysseus um seinen Leib und erreichte so schließlich die schroffe Küste. Immer noch gingen die Wogen hoch und drohten, ihn an den Felsen zu zerschmettern. Odysseus klammerte sich an einem Felsvorsprung fest und holte sich blutige Schrammen. Hier konnte er dem Meer nicht entkommen. Verzweifelt schwamm er weiter, bis er endlich an eine Flussmündung gelangte, wo das Land sanft zum Meeresstrand abfiel. Mit letzter Kraft schleppte er sich den Strand hinauf. Er dankte den Göttern und gab Leukothea ihren Schleier zurück. Mühselig kroch er in das Wäldchen, das den nahen Hügel bedeckte, und machte sich dort ein Bett aus Laub.

Dann versank er in tiefen Schlaf.

NAUSIKAA

In dieser Nacht träumte Nausikaa, die schöne Tochter des Phäakenkönigs Alkinoos, dass sie bald heiraten werde und schöne, saubere Kleider brauche, um auf den, der sie begehrte, einen günstigen Eindruck zu machen. Niemand anderes als Pallas Athene hatte ihr den Traum gesandt. Gleich am nächsten Morgen eilte Nausikaa, vorbei an den spinnenden und webenden Frauen des Palastes – die Phäaken waren berühmt für ihre schönen Kleider –, zu ihrem Vater. »Vater«, sprach sie zu ihm, »du bist der Fürst dieser Insel, und du bist es deiner Stellung schuldig, dass du stets in sauberen Gewändern einherschreitest. Deshalb bitte ich dich, gib mir einen Wagen, damit ich mit den Mägden zum Fluss fahren kann, um die Wäsche zu waschen.«

Alkinoos ahnte die wirklichen Beweggründe seiner Tochter, lächelte aber und ließ den Wagen anspannen.

Die Mädchen begaben sich hinunter zur Flussmündung, ließen die Zugtiere weiden und wuschen eifrig die Wäsche. Als sie damit fertig waren, legten sie sie zum Trocknen aus, badeten und ließen sich auf der Wiese eine kräftige Mahlzeit munden. Danach legten sie ihre Obergewänder ab und vergnügten sich bei einem Ballspiel. Sie riefen einander zu und lachten, während sie fröhlich umherliefen – doch Odysseus, der gleich nebenan seinen Erschöpfungsschlaf schlief, merkte nichts von alledem. Erst als der Ball an eine unwegsame Stelle fiel und das Mädchen, das ihn verfehlt hatte, laut kreischte, erwachte er. War das der Ruf einer gefährlichen Nymphe oder eines Barbarenweibs? Tapfer beschloss er, aus seinem Gebüsch herauszutreten und sich selbst zu vergewissern, wer da war – und er erblickte Nausikaa inmitten ihrer Freundinnen und Mägde. Da erschien sie ihm wie die göttliche Jägerin Artemis, wenn sie sich mit den Nymphen ihres Gefolges an einer Waldquelle fröhlich von den Strapazen der Jagd erholt.

Als er sich, verschrammt und vom Salzwasser verklebt, wie er war, sehen ließ, erschraken die Mädchen und versteckten sich – bis auf Nausikaa, die mutig dem Fremden entgegentrat.

Der kluge Odysseus begann nun schmeichelnd auf sie einzureden: Wie eine Göttin erscheine sie ihm, und wenn sie eine Sterbliche sei, so beneide er den Mann, dem es gelänge, sie zu seiner Braut zu machen. Er sei ein armer Schiffbrüchiger und lange im Meer getrieben; sie möge ein Einsehen haben und ihm Kleider geben, damit er seine Blöße bedecken könne. Auch möge sie ihm den Weg zur Inselhauptstadt weisen.

Die ebenso kluge wie schöne Nausikaa erkannte, dass ihr kein Wilder gegenüberstand, sondern ein edler Mann, einer, der weiß, was sich gehört. Sie rief ihre ängstlichen Gespielinnen herbei, ließ sie gute Kleider holen und schickte Odysseus in den Fluss zum Baden.

Als Odysseus dann frisch gebadet, mit wieder lockig gewordenem Haar und in sauberen Kleidern erneut vor ihr stand, fand sie so viel Gefallen an ihm, dass sie darauf bedacht war, bei den Phäaken keinen Verdacht aufkommen zu lassen, sie habe sich einen Fremden zum Bräutigam erwählt. Sie wies Odysseus an, dem Wagen, der sie und ihre Mägde nach Hause trug, zu folgen und vor der Stadt in einem der Göttin Athene geweihten heiligen Hain so lange zu warten, bis sie im Palast angekommen sei. Erst dann solle er sich aufmachen und nach dem Haus ihres Vaters, des Königs, fragen, das ein jeder kenne.

Odysseus tat, wie ihm geheißen; er betete im Hain zu seiner Schutzgöttin und begab sich dann zu dem prächtigen Palast. Athene machte ihn unsichtbar, und so gelangte er an allen Wachen vorbei sogleich zu Alkinoos und seiner Gemahlin Arete. Wie Nausikaa ihm geraten hatte, umschlang er die Knie der Arete und bat sie um Beistand für einen Schiffbrüchigen, der nach langer Fahrt endlich seine Heimat wiedersehen wolle. Nachdem Alkinoos dies gehört und von seinem greisen Berater an die Heiligkeit des Gastrechts erinnert worden war, hieß er Odysseus willkommen. Er ließ ihm ein Becken bringen, damit er sich die Hände waschen könne, und bewirtete ihn mit Wein und Speisen.

Arete aber ließ ihm ein bequemes Nachtlager bereiten, und als sie Odysseus genauer betrachtete, bemerkte sie, dass sie die Kleider, die er trug, sehr wohl kannte. Da berichtete ihr Odysseus, dass er von der Insel der Nymphe Kalypso hierher, zur Insel der Phäaken gelangt und dass sein Floß im Sturm zerschellt sei. Die prächtigen Kleider, die ihm Kalypso mitgegeben habe, seien im Meer verlorengegangen, die wunderbare Nausikaa, ihre Tochter, habe ihn jedoch neu eingekleidet. Als nun aber Alkinoos zornig über seine Tochter wurde, weil sie den Gastfreund nicht selbst zu ihm geführt hatte, lobte Odysseus Nausikaa und verteidigte sie mit bewegten Worten.

Am nächsten Morgen wurden die Phäaken zur Versammlung berufen – niemand anderes als Athene war der Herold –, und Alkinoos verkündete dort, dass die edelsten Jünglinge der Insel seinen Gastfreund auf einem neuen Schiff in seine Heimat begleiten sollten. Um zu unterstreichen, dass dies ein freudiges Ereignis sei, veranstaltete er ein Gastmahl für alle Edlen der Insel und ließ darauf die besten der jungen Krieger zum sportlichen Wettstreit antreten: zu Wettlauf und Weitsprung, zu Ringkampf und Faustkampf.

All diesem Treiben gegenüber blieb Odysseus unbeteiligt, das aber reizte die jungen Männer. Euryalos, der alle Wettkämpfe bis dahin gewonnen hatte, flüsterte dem Königssohn Laodamas zu, der Fremde sei ja wohl nur ein Kaufmann und keiner der Tapferen, die sich auf Sport und Kriegshandwerk verstehen. »Väterchen«, ging Laodamas daraufhin auf Odysseus zu: »Wir werden dich schon sicher nach Hause begleiten, aber magst du nicht auch an unserem Wettkampf teilnehmen? Immerhin hast du doch den Körper eines Athleten!« Und Euryalos setzte höhnisch hinzu, dass Kämpfe, wie sie nur die Edlen gegeneinander ausfechten, wohl nicht die Sache des

Fremden seien. Das konnte Odysseus nicht auf sich beruhen lassen; er ließ Euryalos wissen, dass er recht keck sei, ließ sich – da jetzt Diskuswerfen an der Reihe war – die Wurfscheibe geben, warf sie viel weiter als alle anderen und beschämte so die jungen Phäaken gründlich.

Nach dem sportlichen Wettkampf ließ Alkinoos seine besten Tänzer auftreten, voran seinen Sohn Laodamas. Nachdem Odysseus ihnen die gebührende Bewunderung gezollt hatte, befahl der König dem Euryalos, Abbitte zu tun für seine herausfordernden Worte, und der junge Phäakenheld versöhnte den tapferen Odysseus mit einem prächtigen Schwert, das er ihm zum Geschenk machte.

Da das für Odysseus gerüstete Schiff schon am nächsten Morgen in See stechen sollte, ließ Alkinoos nun für ein üppiges Abschiedsmahl rüsten, und Arete sorgte dafür, dass Odysseus zuvor noch baden und prächtige Kleider anziehen konnte.

Als Odysseus frisch gebadet und geölt zum Saal schritt, erblickte er die schöne Nausikaa, die an einen Pfeiler gelehnt auf ihn gewartet hatte. Sie wollte Abschied nehmen, denn das abendliche Gelage war den Männern und der Königin vorbehalten.

Liebevoll betrachtete sie ihn und sagte: »Leb wohl, und vergiss mich nicht!«

»Jeden Tag«, entgegnete ihr Odysseus gerührt, »werde ich, wenn ich erst einmal wieder zu Hause bin, an dich denken und dir danken, denn du hast mein Leben gerettet.«

ODYSSEUS BEGINNT, DEN PHÄAKEN VON SEINEN ABENTEUERN ZU BERICHTEN

Die Edlen der Phäaken waren nun alle in der Königshalle des Alkinoos zusammengekommen; Alkinoos aber hieß seinen Gastfreund Odysseus an seiner Seite sitzen. Leckerer Schweinebraten für alle wurde nun aufgetragen, und der mit Wasser vermischte Wein floss in Strömen. Zuerst wurde der weithin berühmte Sänger Demodokos bewirtet – um ihm Achtung zu zeigen, aber auch, damit er bald gestärkt die Gäste unterhalten konnte. Schon zuvor, während des Tages, hatte der Sänger begonnen, von den Heldentaten der Griechen vor Troja zu berichten. Jetzt aber stachelte Odysseus ihn an: »Berichte uns vom hölzernen Pferd! Wenn du auch dies wahrheitsgemäß vermagst, werde ich dich überall rühmen!«

Und Demodokos sang von den Männern im Leib des hölzernen Pferdes, wie sie, von Odysseus angeführt, dem Pferd entstiegen und die Stadt verheerten.

Als er dies hörte, musste Odysseus weinen, vor Rührung, weil er an seine größte Tat erinnert wurde, und vor Schmerz, weil er, statt im Triumph in seine Heimat zurückzukehren, nun schon so lange umherirrte.

Alkinoos sah Odysseus' Tränen und hieß den Sänger innehalten.

»Warum bist du so traurig?«, fragte er Odysseus. »Sage uns, wer du bist und wie du zu uns gelangt bist!«

Da sprach Odysseus: »Ich bin Odysseus, der Sohn des Laërtes und König der schönen Insel Ithaka, die ich schon viele Jahre nicht mehr gesehen habe. Ich bin berühmt, wie ihr gehört habt, aber ich bin auch der armseligste unter den Menschen, denn bis heute haben mir die Götter die Heimkehr verwehrt.«

Als Odysseus merkte, dass die Männer im Saal ihm aufmerksam zuhörten, begann er, von seinen Abenteuern zu erzählen. Zuerst schilderte er, wie er mit seinen wohlbemannten Schiffen guten Mutes von Troja losgefahren und alsbald vom Wind zu den Kikonen getrieben worden sei. Die Gefährten hätten die Haupstadt dieses Volks geplündert, nach Kriegsbrauch, indem sie die Männer umgebracht und die Schätze und die jungen Frauen geraubt hätten. Einige der Kikonen seien jedoch geflohen, hätten kriegserfahrene Landsleute herbeigeholt und nicht wenige von seinen Männern getötet. Die Übrigen hätten auf die Schiffe fliehen müssen, traurig über den Verlust ihrer Kameraden.

Ein Sturm habe ihn und seine Männer sodann an die Küste der Lotusesser verschlagen, die sich allein von den süßen Früchten des Lotus ernährten. Freundlich hätten die Lotusesser die Gefährten an ihrem süßen Mahl teilhaben lassen, mit dem Ergebnis, dass sie gar nicht mehr hätten weiterfahren wollen. Mit Gewalt habe er, Odysseus, seine Männer auf die Schiffe treiben und dort festbinden müssen, damit sie wieder an die Rückkehr in die Heimat dachten.

Von den Lotusessern seien sie dann zur Insel der Zyklopen gelangt, wilden Riesen, die keinen Ackerbau kannten und sich ausschließlich von der Ziegenzucht ernährten. Die Zylopen wohnten aber nicht in Häusern mit Gärten, sondern in primitiven Höhlen.

Und Odysseus berichtete weiter:

NIEMAND

»Bei einer kleinen Insel vor der Bucht, an der wir die Behausungen der Zyklopen zuerst erblickt hatten, zogen wir unsere Schiffe an Land. Hier sollten die Gefährten ausruhen, während ich selbst mit einer kleinen Schar die Zyklopeninsel erkunden wollte. Mit einem der Schiffe ruderten wir hinüber und erblickten gleich über dem Strand eine große Höhle, umgeben von einem Ziegengehege. Mit zwölf meiner tapfersten Männer, die für den Fall, dass wir ein Gastgeschenk brauchten, einen großen Ledersack voll schwarzem Wein mit sich trugen, drang ich in die Höhle ein. Was wir dort sahen und rochen, ließ unsere Herzen höherschlagen, denn die Höhle floss von Ziegenmilch und Ziegenkäse geradezu über. Gern hätten die Gefährten davon als willkommenen Schiffsproviant an sich genommen, was sie tragen konnten, und sich damit aus dem Staub gemacht. Aber ach, ich hörte nicht auf sie!«, unterbrach Odysseus seine Erzählung mit einem Seufzer.

»Denn ich wollte wissen, wer in dieser riesigen Höhle hauste. Und tatsächlich – da kam er: ein scheußlicher Riese, der sein einziges Auge mitten auf der Stirn hatte. Er trieb seine Herde von Ziegen und Schafen in die Höhle und verschloss den Eingang, indem er einen gewaltigen Felsbrocken davorwälzte. Das war unser Verhängnis: Wir waren gefangen, denn niemals hätten wir den Felsen auch nur einen Zoll bewegen können.

Während der Riese sich anschickte, seine zahlreichen Ziegen zu melken, drängten wir uns ängstlich in den dunkelsten Winkel der Höhle. Doch das half nichts, denn bald entfachte der Zyklop ein Feuer und erblickte uns, seine ungebetenen Gäste.

›Hoho, ihr Fremdlinge, wer seid ihr, und wo kommt ihr her?‹, verlangte der Riese zu wissen. Ich erzählte ihm darauf, dass wir von Troja herkämen und auf der Heimfahrt seien. Da bekam der Zyklop einen listigen Gesichtsausdruck und fragte: ›Dann liegt hier in der Nähe doch bestimmt auch euer mit Schätzen beladenes Schiff?‹

Ich dachte kurz nach und antwortete: ›Ach, Poseidon ließ unser Schiff am Gestade deiner Insel zerschellen, und wir armen Schiffbrüchigen hoffen nun darauf, dass du uns nach dem Gebot der Götter als Gastfreunde behandelst.‹

›Du Narr, was scheren mich die Götter‹, versetzte da der Zyklop und ergriff zwei der Gefährten mit seinen riesigen Händen. Er tötete sie, wie wir gefangene Fische töten, indem er ihre Schädel auf einem Stein zerschlug, und verspeiste sie mit Haut, Knochen und Eingeweiden. Dann schlief er gesättigt ein.«

»Ich wollte dem Scheusal schon mit meinem Schwert den Garaus machen«, fuhr Odysseus vor den atemlos lauschenden Phäaken in seiner Erzählung fort. »Aber dann wären wir niemals wieder aus der Höhle herausgekommen. Also warteten wir bis zum Morgen. Der Zyklop erwachte, machte Feuer, melkte seine Ziegen und Schafe und verspeiste zum Frühstück noch einmal zwei Gefährten. Dann trieb er seine Herde ins Freie, vergaß aber nicht, den Felsen wieder vor den Höhleneingang zu rollen.

Verzweifelt sann ich auf einen Ausweg aus unserer Falle. Und als ich einen ausgerissenen Olivenbaum sah, den der Riese wohl zu seinem Stecken oder seiner Keule machen wollte, hatte ich einen Einfall: Ich ließ die Gefährten den Stamm glätten und zuspitzen und härtete selbst die Spitze im Feuer. Dann verbarg ich den Baumstamm im Ziegenmist, der die Erde bedeckte.

Als am Abend der Riese mit seiner Herde heimgekehrt war und den Felsen vor den Ausgang gerollt hatte, melkte er seine Ziegen und Schafe und verspeiste zum Abendbrot noch einmal zwei der Gefährten. Da näherte ich mich dem Unhold mit einem großen Humpen voll Wein: ›Auf dein Wohl, Zyklop, nichts ist auf Menschenfleisch besser als Wein!‹

Der Riese wurde von dem ungewohnten Wein gesprächig und fragte mich nach meinem Namen.

›Oudeis‹, antwortete ich da.«

»Oudeis« klingt zwar ähnlich wie Odysseus, bedeutet auf Griechisch aber Niemand. Und dieses listige Wortspiel sollte Odysseus das Leben retten. Und das kam so:

Noch dreimal forderte der Zyklop einen Humpen Wein, dann schlief er tief und fest ein. Darauf aber hatten Odysseus und seine Gefährten nur gewartet. Sie holten den geglätteten Baumstamm hervor und erhitzten seine Spitze noch einmal in der

Glut des Herdfeuers. Dann stieß Odysseus mit aller Gewalt die glühende Spitze in das einzige Auge des schlafenden Riesen. Rasend vor Schmerz schreckte der hoch, aber vermochte, blind wie er nun war, keinen der Griechen zu ergreifen.

Wild um sich schlagend lief er zum Höhleneingang und schrie seine Nachbarn zusammen.

»Wer hat dir etwas angetan, Polyphem?«, fragten die, und der Zyklop antwortete: »Niemand«. Da gingen die anderen Zyklopen wieder nach Hause.

Polyphem wusste jedoch, dass seine Peiniger noch in der Höhle sein mussten. Deshalb setzte er sich am nächsten Morgen, als er seine Tiere wieder ins Freie ließ, vor den schmalen Eingang, sodass er jeden, der herauswollte, ergreifen konnte. Er versäumte auch nicht, die Rücken der Tiere abzutasten, damit keiner auf ihnen in die Freiheit ritt. Doch Odysseus hatte seine verbliebenen Gefährten unter den Bauch der kräftigsten Tiere gebunden, und er selbst hatte sich in das Bauchfell des mächtigsten Bocks verkrallt.

So gelangte Odysseus mit seinen Gefährten zum Schiff hinunter. Der Zyklop lief hinterher, und als alle scheinbar sicher an Bord waren, verspottete Odysseus ihn vom Heck des Schiffes aus. Da nahm der Zyklop einen riesigen Stein auf und schleuderte ihn gegen das Schiff, und um ein Haar hätte er das Steuerruder getroffen.

Darüber noch erschrocken und voller Trauer über die von dem Unhold gefressenen Gefährten gelangte Odysseus mit seinen verbliebenen Männern zu der Flotte, die draußen auf der kleinen Insel lag.

Als die Männer die Ziegen und Schafe, die Odysseus aus der Höhle des Zyklopen mitgebracht hatte, brieten und verzehrten, waren sie aber schon wieder guten Mutes. Sie ahnten nicht, dass sie sich wegen des Zyklopen die Feindschaft Poseidons zugezogen hatten, denn der mächtige Meergott war der Vater des Polyphem.

CIRCE

Und Odysseus berichtete den versammelten Phäaken weiter, wie er mit seinen Schiffen nach Äolia, der Insel der Winde, gelangt war, wo die Griechen freundlich begrüßt und bewirtet wurden:

»Zum Abschied erhielt ich als Gastgeschenk einen großen Ledersack, in den die Äolier die Winde eingeschlossen hatten. Ich brauchte den Sack nur ein wenig zu öffnen, und schon blähten sich die Segel und führten die Schiffe der Heimat entgegen. Schon sahen die Gefährten die Lichter von Ithaka vor Augen; aber ich schlief, denn zuvor hatte ich Tag und Nacht das Ruder geführt. Die törichten Gefährten öffneten nun, um noch schneller nach Hause zu gelangen, den Windsack ganz. Sämtliche Winde brachen nun daraus hervor und wurden zu einem fürchterlichen Sturm, der unsere kleine Flotte an die felsige Küste des Landes der Lästrygonen warf.

Hier fanden wir nach langer Suche endlich eine geschützte Bucht, in der wir landen konnten. Ich wählte drei Männer aus, die das Land erkunden sollten. Sie mussten erfahren, dass die Lästrygonen menschenfressende Riesen waren. Einen der Kundschafter verzehrte der Lästrygonenkönig; die beiden anderen flüchteten schreiend zu den Schiffen. Der Tumult weckte die übrigen Lästrygonen, die sogleich zur Hafenbucht eilten, uns auf den Schiffen bedrängten und über die Gefährten herfielen. Nur mit äußerster Not gelang es mir, wenigstens mein eigenes Schiff zu Wasser zu bringen; die übrigen Schiffe und ihre Besatzung aber fielen der Mordlust der Lästrygonen zum Opfer.«

Da seufzte Odysseus wieder, und nach einer langen Pause fuhr er fort:

»Mit meinem letzten Schiff erreichte ich die Insel Aiaia. Über sie herrscht die mächtige Zauberin Circe. Aber das erfuhr ich erst später. Zunächst sandte ich, wie üblich, Späher auf die Insel. Die entdeckten in ihrer Mitte eine prächtige Behausung. Deren Herrin, eben Circe, lud die hungrigen Gefährten zum reichen Mahl. Aber das Essen war durch zauberkräftige Pflanzen vergiftet, und schließlich bestrich die Zauberin die müde gewordenen Griechen mit ihrer Zaubergerte und verwandelte sie damit in Schweine, die sie in ihren Schweinekoben führte. Nur einer meiner Späher, der misstrauische Eurylochos, hatte die Speisen verschmäht und war der Zaubergerte entgangen. Voller Entsetzen eilte er hinunter zum Schiff und berichtete, was vorgefallen war.

Ich war sogleich entschlossen, die verwunschenen Gefährten zu befreien, und forderte Eurylochos auf, mich zu der Zauberin zu führen. Der war jedoch noch immer so verängstigt, dass er mich auf Knien bat, nicht zu der Zauberin zurückkehren zu müssen. Also ging ich allein los.

Ich war nicht lange gegangen, da begegnete mir ein schöner Jüngling, in dem ich niemand anderes erkannte als Hermes selbst, den Boten der Götter. Er gab mir ein Kraut, das alle Zaubermittel der Circe unschädlich machen sollte, und riet mir, die Zauberin mit meinem Schwert zu bedrohen, damit sie die Gefährten freigebe.

Und so geschah es. Ich gelangte zu Circe, die mich freundlich begrüßte. Sie gab mir ihre Hexenmahlzeit zu essen und berührte mich mit ihrer Gerte: ›Geh in den Schweinestall zu deinen Gefährten!‹, rief sie dabei. Dank der göttlichen Hilfe aber konnte mir ihr Zauber nichts anhaben. Vielmehr zückte ich mein Schwert und zwang sie, bei den Göttern zu schwören, niemals wieder einen Zauber gegen mich und die Meinen anzuwenden.

›Du musst Odysseus sein, der Held, von dem ich schon so manches gehört habe; kein anderer hätte meinem Zauber widerstehen können‹, sagte sie nun verwundert und gebot den schönen Nymphen, die ihr dienten, mir bei Tisch aufzuwarten. Aber ich wollte nicht essen, solange ich die Gefährten im Schweinekoben wusste. Da begab sich Circe zum Schweinestall, bestrich die Gefährten mit ihrem Zaubersud und berührte sie mit ihrer Gerte. Sogleich warfen sie ihr Borstenfell ab und wurden wieder zu Menschen, jünger und schöner als zuvor. Sie weinten vor Freude und Erleichterung so sehr, dass auch Circe gerührt war und mich freundlich bat, auch die übrigen Gefährten zu holen, die noch bei den Schiffen weilten.

Ich ging also hinunter zum Strand, ließ die Männer das Schiff an Land ziehen und sorgte dafür, dass die Gerätschaften in Höhlen sicher verstaut wurden. Dann eilten wir frohgemut – bis auf den ängstlichen Eurylochos, den wir zwingen mussten, mit uns zu gehen – hinauf zum Anwesen der Zauberin. Die hatte unterdessen die aus dem Schweinestall erlösten Gefährten baden und neu einkleiden lassen und bat uns nun alle zu einem prächtigen Mahl.

Es gefiel uns so gut bei Circe, dass wir Woche für Woche und Monat für Monat bei ihr blieben. Mir selbst schmeichelte die Zauberin mit so süßen und sanften Worten, dass ich darüber mein heiliges Ziel vergaß, um dessentwillen ich schon so viel erduldet hatte: endlich zur Heimat zu gelangen.

Als aber schon ein ganzes Jahr vergangen war, nahmen mich die Gefährten beiseite und erinnerten mich an meine Pflicht. Also ging ich zur göttlichen Circe und bat sie, mich zu entlassen und mir den Weg zur Heimat zu weisen.

›Da ich dich nicht hier halten kann‹, antwortete die Zauberin, ›will ich dir die Heimkehr ermöglichen. Aber den Weg kann ich dir nicht weisen; die einzige Hilfe, die ich dir gewähren kann, ist es, dich auf eine schwere Reise zu schicken, die dich zum Eingang der Unterwelt führen wird, wo der grausame Hades und seine Gemahlin Persephone herrschen. Rüste dein Schiff; ein steter Wind wird dich dann an den düsteren Ort bringen. Dort sollst du eine Opfergrube ausheben und über ihr das Blut eines Schafes und eines Schafbocks vergießen. Die Schatten der Toten werden kommen und von dem Blut zu trinken begehren. Aber lass niemanden an die Grube heran, bevor nicht der Schatten des weisen Sehers Teiresias von dem Blut getrunken hat, denn nur er kann dir sagen, wie du nach Hause gelangst.‹

Bald nachdem mir Circe dies geraten hatte, erschienen die rosigen Strahlen der Morgenröte. Die schöne Zauberin gab mir noch warme Kleider mit auf die Reise, und ich rief die Gefährten zusammen, die voller Schrecken aufstöhnten, als sie vernahmen, dass die Reise zum Hades gehen sollte.«

ODYSSEUS AM EINGANG ZUR UNTERWELT

»Ohne unser Dazutun«, fuhr Odysseus in seiner Erzählung fort, »trieb der Wind unser Schiff bis ans Ende des Ozeans. Hier machten wir es fest, und ich ließ Opfer darbringen für alle Toten. Auch grub ich eine Grube, so wie Circe mich geheißen hatte, und füllte sie mit dem Blut der Opfertiere. Alsbald sah ich die Schatten herbeiwanken. Die erste Gestalt, die ich erkannte, war die meiner Mutter, die noch gelebt hatte, als ich von Ithaka aufbrach. Eingedenk der Ermahnungen der Zauberin hielt ich sie und die anderen Geister mit gezücktem Schwert ab, sich der Grube zu nähern, bis Teiresias erschien, der weise Greis. Er stärkte sich an dem Opferblut und antwortete dann auf meine Frage, wie ich nach Hause gelangen könne: ›Dir zürnt der mächtige Poseidon, der Erderschütterer und Herrscher des Meeres‹, begann er, ›und er wird dich an die ferne Küste Siziliens verschlagen. Dort weiden die Rinder des mächtigen Helios, des Sonnengottes, und nur, wenn ihr euch nicht an ihnen vergreift, werdet ihr in die Heimat zurückfinden. Anderenfalls mag es nur dir allein gelingen, nach vielen Leiden Ithaka wiederzusehen. Dort aber wirst du sehen, dass mächtige fremde Fürsten schon lange um die stolze Penelope, deine Frau, werben.‹

Nach diesen Worten zog sich der Schatten des greisen Sehers zurück und machte den anderen Geistern Platz. Jetzt endlich konnte sich meine Mutter am Opferblut kräftigen, und sie erzählte mir, wie Penelope sich der Freier zu erwehren versuchte, wie mein Sohn Telemach zu einem mutigen Jüngling herangewachsen war und wie mein Vater Laërtes sich vor den frechen Fremden aufs Land zurückgezogen hatte, wo er in Armut lebte. Sie selbst, so berichtete sie, sei vor Sehnsucht nach mir, ihrem geliebten Sohne, gestorben. Da übermannte mich der Schmerz, und ich wollte meine Mutter umarmen; doch ich konnte den Schatten nicht fassen.

Als Nächste erschienen vor mir die Schatten berühmter Frauen, die einst die Gefährtinnen von Göttern und göttlichen Helden waren ...«

Hier unterbrachen die Phäaken Odysseus und begehrten vom Schicksal der Helden zu erfahren, die vor Troja oder bald nach ihrer Heimkunft umgekommen waren. Und Odysseus erzählte, wie ihm Agamemnon berichtet hatte, dass er bei seiner Heimkunft von seiner eigenen Frau und ihrem neuen Gemahl ermordet wurde, er erzählte, wie der Schatten des gewaltigen Achill ihm anvertraut hatte, dass er lieber Tagelöhner bei den Lebenden als Fürst bei den Toten wäre, und wie der mächtige Aiax noch als Toter ihm, Odysseus, zürnte, weil er ihn damals, vor Troja, mit List um die Rüstung des gefallenen Achill gebracht hatte. Und Odysseus berichtete den erschrockenen Phäaken auch, wie er die Qualen des Tantalos in der Unterwelt gesehen habe, der in einem See steht und, gefesselt wie er ist, doch nie seinen Durst löschen noch seinen Hunger stillen kann, obwohl die schönsten Früchte vor seinem Mund hängen; und er schilderte die Folter des Sisyphos, der dazu verurteilt ist, einen Felsen einen Berg hinaufzuwälzen, der stets kurz vor dem Gipfel wieder zu Tal rollt, woraufhin Sisyphos jedesmal sein Werk von vorn beginnen muss.

Schließlich, so schloss Odysseus die Schilderung seiner Reise zum Totenreich des Hades, sei auch ihm angesichts der unzähligen Schattengestalten, die zur Opferstelle drängten, bange geworden, und er sei mit den Gefährten aufs Schiff geeilt. Ein günstiger Wind habe sie bald nach Aiaia, zur Insel der Circe, zurückgetrieben.

DIE SIRENEN, SKYLLA UND CHARYBDIS

»Circe, die wohlmeinende Zauberin«, berichtete Odysseus weiter, »warnte mich, bevor sie zum zweiten Mal von mir Abschied nahm, eindringlich vor den Gefahren, die uns von den schön singenden Sirenen drohten, die die Schiffer mit ihrem Gesang auf ihre Insel locken, wo sie grausam umkommen. Und sie warnte mich vor der schrecklichen Charybdis und dem Ungeheuer Skylla, die hinter der Insel der Sirenen auf ihre Opfer warten.

Bei gutem Wind stachen wir in See; als aber eine Windstille und liebliche Lüfte die Nähe der Sireneninsel ankündigten, formte ich aus Wachs Pfropfen, mit denen ich die Ohren der Gefährten verschloss, und forderte sie auf, mich zu fesseln. Sie aber sollten mit aller Kraft rudern, damit wir so schnell wie möglich die Insel hinter uns ließen. Und schon vernahm ich, immer lauter und deutlicher, den süßen Gesang der Sirenen, die halb Vögel und halb schöne Frauen sind. Lieblich schmeichelten sie mir und versprachen, dass sie mir von allen Geheimnissen der Welt singen würden, wenn ich nur zu ihnen kommen wolle. Ich befahl den Gefährten, mich zur Insel zu bringen, aber sie hörten mich nicht; sie sahen nur meine Unruhe und banden mich noch fester, so wie es verabredet war. Und sie legten sich in die Riemen, bis der Sirenengesang schwächer wurde und schließlich aufhörte. Da banden sie mich los, und ich war froh, der Gefahr entronnen zu sein.

Doch da hörten wir vor uns ein Donnern und Brausen und sahen, wie die Gischt zwischen Felsen so hoch emporstieg, dass sie zu feinem Dampf wurde, sahen, wie eine Welle sich zwischen den Felsen auftürmte und wie gleich danach die Kiesel des Meeresgrunds entblößt dalagen. Das war der Abgrund der Charybdis. Ich hielt den Steuermann an, gerade durch die Enge hindurch zu halten, und rief die Gefährten auf, mit aller Macht zu rudern. Aber als wir uns gerade mitten in der Enge befanden, sah ich das Ungeheuer, Skylla. Es beugte sich wie ein riesiger schwarzer Schatten hinab und ergriff sechs meiner Männer, zerschmetterte sie an dem Fels und fraß sie. Ohnmächtig musste ich dem Gräuel zuschauen, denn kein Schwert hätte etwas gegen das Ungeheuer ausrichten können.

Wir Übrigen aber entgingen dem Verhängnis, kamen in ruhiges Wasser und erreichten bald die Insel des Helios.«

DIE RINDER DES HELIOS

»Wir sahen wohlgenährte Rinder am Strand und zwischen ihnen blökende Schafe. Da verlangte es die Gefährten, an Land zu gehen und die Vorräte aufzufüllen. Ich aber erinnerte mich an die Warnung des weisen Teiresias, die ich an der Schwelle zur Unterwelt empfangen hatte, und riet von einem Landgang ab. Doch der ängstliche Eurylochos machte sich zum Sprecher der Übrigen und bestand darauf, dass die Gefährten nach allem Durchlittenen Ruhe brauchten. Da nahm ich allen einen heiligen Eid ab, dass sie die Rinder des Helios und auch seine übrigen Herden nicht anrühren würden, und erlaubte die Landung.

Wir ruhten ein wenig, füllten unsere Süßwasservorräte auf und waren bald bereit, wieder in See zu stechen. Doch die Götter sandten uns Sturm und finstere Wolken, sodass an ein Auslaufen nicht zu denken war. Der Wein, den wir mit uns führten, ging zur Neige, und um ihren ärgsten Hunger zu stillen, mussten die Gefährten nach Fischen angeln. Mehr und mehr begannen sie zu hungern, und während ich einmal das Landesinnere erkundete, stachelte Eurylochos sie auf: ›Was immer die Götter Grausames mit uns vorhaben, der grausamste Tod ist doch der Hungertod. Also lasst uns die Rinder des Helios schlachten! Wenn wir wieder in die Heimat gelangt sind, werden wir dem Gott einen prächtigen Tempel stiften. Das wird ihn gewiss besänftigen.‹ Und während ich weitab von den Gefährten erschöpft schlief, töteten sie die Rinder und rösteten sie über dem Feuer.

Wie entsetzt war ich, als ich sie bei meiner Rückkehr fröhlich schmausen sah! Und bald schon stellten sich schlimme Vorzeichen ein: Die Rinderhäute brüllten wie von Schmerz, und das gebratene Fleisch wand sich auf den Spießen. Ich bezweifelte nicht, dass sich Helios beim großen Zeus ausbedungen hatte, Rache für den Frevel an seinem Eigentum zu nehmen.

Dennoch – am nächsten Tag klarte der Himmel auf, und es erhob sich ein günstiger Wind. Wir stachen in See. Doch kaum waren wir so weit hinaus gesegelt, dass kein Land mehr zu sehen war, verdunkelte sich der Himmel, und es erhob sich ein schrecklicher Orkan. Unser Schiff wurde hin und her geworfen, der Mast stürzte um und erschlug den Steuermann; schließlich zerschmetterte eine Woge das Gefährt. Die Männer wurden hinausgeschleudert, und keinen habe ich je wiedergesehen. Mit letzter Kraft gelang es mir, ein paar Planken zusammenzubinden und mich an ihnen festzukrallen. Und so gelangte ich an den Strand der Insel, auf der die göttliche Kalypso herrscht.

Doch von meinen sieben Jahren bei dieser mächtigen Nymphe und von meiner letzten Seefahrt, die mich hierhin führte«, sprach Odysseus und verneigte sich gegen Arete, die Königin der Phäaken, »habe ich bereits gesprochen.«

ODYSSEUS GELANGT ENDLICH NACH ITHAKA

Odysseus' Bericht hatte die Phäaken sehr bewegt, und kaum bedurfte es eines Hinweises ihres Königs Alkinoos, dass alle Gastgeschenke für den Helden herbeischafften. Und bald schon begleiteten ihn des Königs Herold mit Männern, die die prächtigen Geschenke aus Gold und Erz trugen, und drei Kammerjungfern der Königin mit prächtigen Kleidern hinunter zum Strand, wo kräftige Ruderer bereits in dem Schiff warteten, das Odysseus nach Ithaka bringen sollte. Odysseus wurde am Heck des Schiffs auf Polstern gebettet, und wenig später fiel er in einen tiefen Schlaf, während das Schiff über das von den Rudern gepeitschte Meer dahinflog.

Als das Schiff in einer geschützten Bucht auf Ithaka anlangte, schlief Odysseus noch immer, und die Phäaken betteten ihn an einer geschützten Stelle und legten die reichen Geschenke um ihn herum nieder. Dann machten sie sich auf den Weg zurück in ihre Heimat – die sie jedoch nie erreichen sollten, denn noch immer zürnte der mächtige Poseidon dem Odysseus und allen seinen Helfern, und er verwandelte das Schiff der Phäaken in einen Felsen.

Odysseus wachte indessen auf und fand sich allein in einer Gegend, die ihm unbekannt vorkam. Da befiel ihn die Furcht, er sei in einem unbekannten Land ausgesetzt worden. Schließlich erblickte er einen jungen Hirten und fragte ihn, wo er sich befinde. Der Hirt aber war niemand anderes als die blauäugige Athene, die sich in dieser Verkleidung ihrem Schützling genähert hatte, den sie endlich in seiner Heimat sah, so wie sie es die ganze Zeit über gewünscht hatte. Lächelnd erwiderte sie dem Helden auf seine Frage, dass ein jeder wisse, dass dies die Insel Ithaka sei, jetzt, nachdem der Ruhm der Insel, den ihr König Odysseus ihr erworben habe, bis zum fernen Troja gedrungen sei.

Odysseus blieb vorsichtig und tischte dem vermeintlichen Hirten eine Lügengeschichte auf: Er komme aus Kreta, sei mit einem Genossen in Streit über die in Troja errungene Beute geraten, habe diesen umgebracht und sich aus Furcht vor Rache auf die Schiffe phönizischer Händler begeben, die ihn nun schlafend hier am Strand zurückgelassen hätten. Die Göttin lächelte erneut, strich dem Odysseus mit ihren Händen über die Arme und sprach: »Schon immer habe ich an dir deinen Scharfsinn, deine Vorsicht und deine Verschlagenheit geliebt, denn hierin gleichen wir uns.« Da erkannte Odysseus in dem Hirten, der inzwischen die Gestalt eines hübschen Mädchens angenommen hatte, die Göttin. Und damit wusste er auch, dass sie die Wahrheit gesprochen hatte, und küsste die Erde seines geliebten Ithaka.

Athene half Odysseus, seine reiche Habe in einer Höhle zu verstecken, und sicherte ihm ihre Hilfe bei der schweren Aufgabe zu, die Freier seiner treuen Gattin Penelope zu vernichten. Sie riet ihm, zuerst zu dem treuen Schweinehirten Eumaios zu gehen; sie selbst werde seinen Sohn Telemach aus dem fernen Sparta herbeiholen. Endlich berührte sie Odysseus mit ihrer Zaubergerte und verwandelte ihn in einen zerlumpten Greis, denn niemand sollte ihn vorzeitig erkennen.

ODYSSEUS BEI DEM SCHWEINEHIRTEN EUMAIOS

In dieser Gestalt gelangte Odysseus zu Eumaios, dem Schweinehirten. Seine Hunde, die die Ställe bewachten, hätten Odysseus beinahe zerrissen, wäre Eumaios nicht dazwischengegangen und hätte sie mit Steinwürfen vertrieben. Freundlich nahm der Hirt Odysseus auf und schlachtete für ihn ein Ferkel. »Die großen gemästeten Schweine muss ich alle den Freiern liefern, die das Land ausplündern«, entschuldigte er sich. Da fragte ihn Odysseus, wer denn sein Herr sei. Das sei Odysseus, antwortete der treue Hirt, aber der werde ja wohl nicht wiederkommen.

Das sei gar nicht ausgemacht, antwortete Odysseus da: Er selbst sei Kreter und mit vor Troja gezogen. Nach dem Fall der Stadt habe er Handel in Ägypten und mit den Phöniziern getrieben, die ihn nach Libyen hätten bringen wollen. Ihr Schiff aber sei im Sturm untergegangen, und er allein habe sich zum Land der Thesproten retten können. Der König dieses Landes habe ihn freundlich aufgenommen und ihm von Odysseus erzählt, der auf dem Weg in seine Heimat sei.

»Ach«, entgegnete ihm da der Hirt: »Schon mancher ist hierher gekommen und hat behauptet, Nachrichten von Odysseus zu haben. Jeden hat Penelope, die gute Königin, reich bewirtet, doch sie alle waren Betrüger.«

Da bot Odysseus dem treuen Hirten ein Wette an: »Kehrt dein König zurück, so sollst du mir die Möglichkeit geben, mit ordentlichen Gewändern in die Heimat zurückzukehren. Kommt er aber nicht heim, so sollen deine Knechte mich vom höchsten Felsen in die Tiefe stürzen, zur Warnung für alle lügnerischen Bettler.«

Als die Eumaios untergebenen Hirten mit ihren Schweinen zurückkehrten, gab es ein gutes Nachtmahl, und schließlich bereitete Eumaios seinem Gast ein Bett. Er selbst aber hielt Wacht, um die ihm anvertrauten Herden zu schützen.

ODYSSEUS SIEHT SEINEN SOHN TELEMACH WIEDER

Während Odysseus sich zu dem Hirten Eumaios begab, war Athene flugs nach Sparta geeilt, wo Odysseus' Sohn Telemach noch immer als Gast bei dem mächtigen Menelaos und der schönen Helena weilte. »Auf, es ist an der Zeit, nach Ithaka zurückzukehren«, befahl sie dem noch schlaftrunkenen Jüngling. Der suchte sogleich Menelaos auf und eröffnete ihm, dass er Sparta verlassen müsse. Der König der Spartaner sorgte für einen schnellen Wagen und gab Telemach prächtige Gastgeschenke auf den Weg. Bald schon erreichte Telemach sein Schiff, bei dem seine Gefährten lange auf ihn gewartet hatten; umso schneller ruderten sie ihn nun zurück nach Ithaka. Sie landeten an einer kleinen Bucht. Von hier aus wanderte Telemach ins Inselinnere zu dem Schweinehirten Eumaios, wie ihm die blauäugige Athene aufgetragen hatte. Seine Gefährten aber sandte er mit dem Schiff zur Inselhauptstadt.

Als Telemach bei Eumaios anlangte, liefen ihm die Hunde mit wedelnden Schwänzen entgegen, und der Schweinehirt ließ vor Überraschung das Geschirr fallen, das er gerade trug. Mit Tränen in den Augen umarmten sich der Königssohn und der treue Hirt. All dies beobachtete Odysseus, der in seinem Bettelgewand in der Hütte des Eumaios saß, und er erkannte in dem Jüngling seinen Sohn.

Telemach trug nun dem Hirten auf, seine Ankunft der Mutter, Penelope, zu melden, aber auch niemand anderem, denn er wusste, dass die Freier ihm nach dem Leben trachteten.

Als Eumaios den Raum verlassen hatte, trat Odysseus, dem Athene zuvor seine Heldengestalt wiedergegeben hatte, seinem Sohn entgegen und gab sich ihm zu erkennen. Für einen Augenblick war Telemach noch ungäubig: War dieser Mann nicht eher ein Gott oder ein Dämon, so strahlend und verwandlungsfähig, wie er auftrat? Odysseus aber erzählte seinem Sohn von der Macht der guten Göttin Athene, deren Beistand er seine verschiedenen Gestalten zu verdanken habe, und versicherte ihm, dass niemals ein anderer Odysseus nach Ithaka heimkehren werde. Da endlich erkannte Telemach seinen Vater und umarmte ihn herzlich. Odysseus eröffnete seinem Sohn nunmehr, dass er mit seiner Hilfe die Freier verderben werde.

»Wie das?«, entgegnete ihm Telemach, »Wo sie und ihr Gefolge doch so viele sind?«

»Aber keiner von ihnen hat den Beistand der Athene und des Zeus«, sprach der Vater. »Begib dich nur zu ihnen in die Halle; ich selbst werde mich als Bettler zu den Freiern gesellen. Sie werden mich verhöhnen, aber du darfst dir nichts anmerken lassen. Für alles Weitere werde ich sorgen. Du aber beachte vor allem eines: Niemand darf wissen, wer ich bin!«

Nachdem Odysseus sich seinem Sohn zu erkennen gegeben hatte, verwandelte ihn Athene wieder in einen triefäugigen Greis, denn der treue Schweinehirt Eumaios, der bald mit den Herden nach Hause zurückkehrte, sollte ihn nicht erkennen; in seiner Freude wäre er sonst zu Penelope gelaufen, um seiner Herrin von der Rückkehr ihres Mannes zu berichten. Und das hätte Odysseus' Plan durchkreuzt.

ODYSSEUS KEHRT ALS BETTLER IN SEINEN PALAST ZURÜCK

Am nächsten Morgen eilte Telemach in die Inselhauptstadt, wo die Freier es sich im Palast des Odysseus wohlsein ließen. Er wusste, dass dies ein gefährlicher Gang war, denn am Abend zuvor hatte Eumaios, der Schweinehirt, von einem Schiff der Freier berichtet, das ausgesandt worden war, den Aufenthalt des Königssohns zu erkunden.

Als Telemach im Palast ankam, erkannten ihn die Dienerinnen sogleich und herzten und küssten ihn. Dann schloss ihn Penelope, die Mutter, in ihre liebenden Arme und fragte ihn unter Tränen, ob er bei seiner Reise in die Fremde etwas über Odysseus habe in Erfahrung bringen können. Telemach berichtete ihr über seinen Aufenthalt in Sparta und darüber, dass dort niemand Odysseus für tot gehalten habe. Aber er sagte nichts von seinem Wiedersehen mit dem Vater.

Wenig später gelangten auch Eumaios und Odysseus in seinem Bettlergewand zur Stadt, denn Telemach hatte den Schweinehirten geheißen, den Fremden zum Palast zu führen. Als die beiden an dem Brunnen vor der Stadt anlangten, begegnete ihnen der Ziegenhirt Melantheus, der eine Reihe seiner stattlichen Tiere mit sich führte für das Mahl der Freier. »Ach ja, Gleich und Gleich gesellt sich gern!«, verhöhnte er den Schweinehirten, indem er abwechselnd ihn und den in Lumpen gehüllten entstellten Odysseus anblickte. Denn Eumaios war ihm, dem Günstling der Freier, ein Dorn im Auge, weil dieser immer noch das Andenken des Odysseus hochhielt.

»Wenn Odysseus heimkäme«, entgegnete ihm da Eumaios wütend und traurig zugleich, »würde er dir schon dein Mütchen kühlen.«

»Dein Odysseus«, versetzte da der Ziegenhirt mit einem boshaften Lachen, »ist so gewiss tot, wie auch Telemach, sein Sohn, noch heute Abend tot sein wird!«

Da war Odysseus versucht, den frechen Ziegenhirten auf der Stelle zu erschlagen, doch er wusste, dass dies nicht klug gewesen wäre, und hielt an sich.

Wenig später gelangte Odysseus mit Eumaios zu seinem Palast. In einem abgelegenen Winkel sah er dort einen abgemagerten und räudigen alten Hund, der auf einem Abfallhaufen lag. Es war Argos, den er selbst einst aufgezogen und abgerichtet hatte. Der Hund erkannte seinen Herrn, wedelte mit dem Schwanz und legte die Ohren an, doch er war zu schwach, um sich zu erheben. Als Odysseus auf den elenden Hund wies, berichtete Eumaios, dass dieser einst Odysseus' prächtiger Jagdhund gewesen sei, und nun erkannte Odysseus ihn wieder und beugte sich zu ihm. Da wurde dem treuen Hund schwarz vor Augen, und er verschied.

Im Gefolge des Sauhirten betrat nun Odysseus die weite Halle des Palastes. Dort musste er erdulden, dass er allenthalben wegen seiner jämmerlichen Gestalt verhöhnt wurde. Doch tapfer verleugnete er seinen Stolz und bettelte im Saal reihum bei den Freiern, die sich dort zum Mahl niedergelassen hatten. Die warfen ihm auch den einen oder anderen Brocken hin, nur Antinoos, der großmäuligste unter ihnen, beschimpfte den lästigen Bettler und warf einen Schemel nach ihm, um ihn zu vertreiben. Odysseus aber wich nicht aus, sondern erduldete auch diesen gehässigen Angriff, ließ den Schemel an sich abprallen und blieb aufrecht stehen. Doch in seinen Eingeweiden wuchs die Wut. Nicht anders erging es seinem Sohn Telemach, der mit im Saal saß, sich aber nichts anmerken lassen durfte.

Die Mägde, die die Freier bedienten, berichteten Penelope von dem fremden Greis, nach dem Antinoos den Schemel geworfen habe, und sogleich ließ die Königin nach dem Bettler schicken, in der Hoffnung, er wisse etwas über ihren Odysseus.

Dieser hatte sich unterdessen eines anderen Bettlers, eines aufdringlichen Menschen, zu erwehren, der in ihm einen Mitbewerber um die karge Bettelkost sah und drohte, ihn mit Gewalt von der Schwelle des Saals zu vertreiben. Das erboste Odysseus, und er bot dem Bettler seinerseits Prügel an. Als die Freier das beobachteten, hetzten sie zu ihrer Unterhaltung die beiden Bettler zum Faustkampf gegeneinander. Ein gefüllter Ziegenmagen sollte der Siegespreis sein. Das war dem gemeinen Bettler nur recht, denn er dünkte sich jünger und kräftiger als Odysseus. Doch der überlegte nur, ob er den Fremden gleich erschlagen oder lediglich mit einem sanften Hieb betäuben solle. Er entschied sich für Letzteres, denn die Freier sollten nicht misstrauisch werden. Also zerschlug er seinem Gegner den Kiefer und zog ihn an den Füßen aus dem Saal. Lachend erkannten die Freier Odysseus den Siegespreis zu. Danach tranken sie noch eine Weile lustig weiter und begaben sich dann zu ihren Schlafstätten.

ODYSSEUS BEGEGNET PENELOPE

Odysseus blieb mit seinem tapferen Sohn allein in der Halle zurück, in der die Freier ihre Waffen zurückgelassen hatten, und forderte Telemach auf, mit ihm die Waffen in die Frauengemächer zu schaffen. Den Mägden erklärten beide, die Waffen müssten vom Ruß des Feuers im Saal gereinigt werden, und es half ihnen die kluge alte Eurykleia, die den Mägden vorstand. Als alle Waffen aus dem Saal geschafft waren, ging Telemach in seine Schlafkammer. Wenig später aber trat Penelope aus ihrem Gemach und bat den tapferen Greis – Odysseus – zu sich. Sie fragte ihn aus nach ihrem schmerzlich vermissten Gemahl, den wiederzusehen sie nur noch wenig Hoffnung hegte. Odysseus erzählte darauf die Lügengeschichte, dass er ein Kreter edler Herkunft sei und tatsächlich Odysseus zum Gastfreund gehabt habe.

Um ihren Gast auf die Probe zu stellen, begehrte Penelope nun zu wissen, wie Odysseus ausgesehen habe, und genau beschrieb Odysseus die Kleider, die er bei seiner Ausfahrt getragen hatte.

Da glaubte Penelope, dass ihr Gast die Wahrheit sprach – denn sie selbst hatte Odysseus die Gewänder mit auf den Weg gegeben –, und vergoss bittere Tränen um ihren geliebten Mann, den sie verloren wähnte. Odysseus tröstete sie mit der Nachricht, er habe erst kürzlich gehört, dass ihr Gemahl endlich auf dem Weg in seine Heimat sei.

Ungläubig vernahm Penelope diese Nachricht, doch sie war dem fremden Bettler für seinen Zuspruch dankbar und versprach, ihn als Gastfreund zu behandeln. Sogleich sollten ihre Mägde ihn waschen und ihm ein Lager bereiten.

Da bat Odysseus die Königin, sie möchte ihm nicht irgendeine Magd, sondern eine erfahrene Dienerin schicken. Das war klug gesagt, fand Penelope, und rief nach der treuen Eurykleia.

Die alte Dienerin kam mit einem Wasserbecken und begann, Odysseus zu waschen. Dabei stieß sie auf eine Narbe am Schenkel. Diese ging auf eine Wunde zurück, die Odysseus einst in seiner Jugend ein wilder Eber zugefügt hatte. Eurykleia wusste sofort, wen sie da wusch, denn sie kannte die Narbe gut, war sie doch Odysseus' Amme gewesen und kannte ihn besser als irgendjemand sonst. Vor Freude und Aufregung vergoss sie das Waschwasser und wollte ihrem Schützling um den Hals fallen. Doch Odysseus bedeutete ihr, still zu sein und Penelope ihre Entdeckung nicht zu verraten.

Wenig später wandte sich Penelope erneut an Odysseus. Sie hatte in ihm einen Freund gefunden, dem sie anvertraute, was ihr Herz bewegte. Sie könne die Freier nicht länger hinhalten, erklärte sie. Wenn sie nicht einem von ihnen die Hand reichte, würden sie Telemach, ihren Sohn, töten und sich das Land mit Gewalt nehmen. Deshalb sei sie zu dem Entschluss gelangt, einen Wettkampf unter ihnen zu veranstalten: Sie sollten einen Pfeil durch eine Reihe von je zwei aufrecht gegeneinander gestellten Äxten hindurchschießen; und wem dies gelänge, dem wolle sie in seine

Heimat folgen. Odysseus ermutigte seine Gemahlin, den Wettbewerb austragen zu lassen; der Würdigste werde schon gewinnen.

Penelope ging nun in ihr Gemach, Odysseus aber bettete sich im Vorraum auf Tierfelle.

ODYSSEUS HÄLT GERICHT

Als Odysseus im Morgengrauen erwachte, hörte er Penelope in ihrer Kammer weinen; doch er zwang sich, sein Herz zu verschließen, und begab sich in die Halle, die die Mägde unter der Aufsicht der trefflichen Eurykleia für ein Festmahl herrichteten.

Als die Freier eintrafen, wies Telemach seinem Vater einen schlechten Stuhl am Rande des Raums zu. Die Freier ärgerte es, dass ein Bettler unter ihnen weilen sollte, aber Telemach verteidigte seine Gegenwart.

Endlich trat Penelope traurig, aber gefasst in die Halle, in der Hand den mächtigen Bogen, mit dem ihr Mann seinerzeit so sicher umzugehen wusste.

»Wer diesen Bogen zu spannen und den Pfeil zwischen zwölf Äxten hindurchzuschnellen versteht«, sprach sie, »dem will ich als seine Gemahlin folgen« – und eröffnete damit den Wettbewerb unter ihren Freiern.

»Ich muss verrückt sein«, rief da Telemach, »dass ich mitansehen will, dass einer von euch meine Mutter aus meinem Haus fortführen soll. Aber wohlan, ihr Diener, stellt die Äxte auf! Ich selbst will der Erste sein, der den Bogen versucht.«

Er nahm den Bogen und versuchte dreimal, die straffe Sehne zu spannen, doch es gelang ihm nicht. Beim vierten Mal wäre es ihm wohl geglückt, doch da gab ihm Odysseus ein Zeichen, und er ließ den Bogen sinken.

Nach Telemach nahm der Seher Leiodes den Bogen, aber seine Arme und Hände waren zu schwach für den mächtigen Bogen. »Soll ihn doch ein anderer nehmen«, sprach er da, »aber ich warne euch, seine Pfeile werden noch Unheil über manchen Edlen bringen.« Antinoos, der unter den Freiern das große Wort führte, beschimpfte den Seher wegen dieser düsteren Drohung, und er hieß einen der Hirten den Bogen einfetten und am Feuer wärmen, damit er geschmeidiger würde.

Während Antinoos an der Seite von Eurymachos, dem anderen Wortführer der Freier, darauf wartete, dass es leichter würde, den Bogen zu handhaben, ging Eumaios, der treue Schweinehirt, mit dem Rinderhirten Philoitios aus dem Saal, und Odysseus folgte ihnen.

Draußen angelangt, stellte er sie auf die Probe: »Wenn Odysseus jetzt auftauchte, wem würdet ihr folgen, ihm oder den Freiern, die jetzt das Sagen haben?« – »Dem Odysseus!«, riefen sie da wie aus einem Munde, und nun entdeckte Odysseus ihnen, dass er selbst es sei, ihr Herr, und er bewies es ihnen an der Narbe der einst vom Eberzahn gerissenen Wunde. Sogleich aber dämpfte Odysseus die Freude der beiden, denn es gab noch viel zu tun.

»Wenn ich den Bogen verlange«, wies er den treuen Eumaios an, »so geh zu mir und reich ihn mir, auch wenn die Freier das nicht zulassen wollen. Und jetzt eile zu den Frauen und sag ihnen, dass sie die hinteren Türen verriegeln sollen.

Du aber«, wandte er sich an den Rinderhirten, »sieh zu, dass du das Tor zum Hof fest verschließt!«

Unterdessen versuchte sich der starke Eurykles an Odysseus' Bogen – doch auch er scheiterte.

»Lass es gut sein«, rief ihm Antinoos zu. »Heute ist nicht der richtige Tag. Morgen, am Festtag Apollons, des größten aller Bogenschützen, wollen wir den Wettkampf noch einmal aufnehmen. Heute aber wollen wir schmausen und trinken.« Alle fanden diesen Vorschlag gut, und bald begannen die Becher mit dem guten Wein Ithakas zu kreisen.

Als alle schon einiges getrunken hatten, ergriff mit einmal der listenreiche Odysseus das Wort: »Morgen werdet ihr ja unter euch im Bogenwettkampf ausmachen, wer den Siegpreis davontragen soll. Aber gewährt mir altem Mann die Bitte: Lasst auch mich den Bogen versuchen; zu gern wüsste ich, ob noch Kraft in meinen Gliedern wohnt.«

»Der Wein ist dir wohl zu Kopfe gestiegen, Alter«, fuhr ihn Antinoos da an, »mästest dich an unseren Speisen, trinkst von unserem Wein und wirst dann noch frech!«

Da griff Penelope ein: »Dieser Mann ist unser Gast, und er sieht noch immer kräftig aus, auch stammt er, so sagt er, aus edlem Geschlecht. Wenn er den Bogen zu spannen vermag, so will ich ihn reich beschenken.«

Kühn fuhr nun Telemach seiner Mutter über den Mund: »Dieser Bogen ist mein Erbe, und ich bestimme, wer ihn nehmen darf und wer nicht. Du aber begib dich in die Frauengemächer, denn dies ist Männersache!« Staunend, aber im Herzen stolz auf ihren Sohn, verließ die Königin nun den Saal.

Eumaios, der Schweinehirt, nutzte jedoch das Hin und Her, nahm den Bogen und ging mit ihm auf Odysseus zu. »Sofort sollst du den Bogen stehenlassen«, schrien die Freier ihm zu; Telemach aber rief laut: »Nur mir hast du zu gehorchen, Bettler, und nicht den Fremden!« Da lachten die Freier Telemach aus – doch ehe sie sich besonnen hatten, hielt Odysseus den Bogen schon in der Hand. Lässig spannte er ihn, ließ die Sehne klingen, legte einen Pfeil auf und ließ ihn durch alle zwölf aufgestellten Äxte schnellen.

Auf ein Zeichen des Odysseus hin nahm Telemach nun blitzschnell sein Schwert, warf den Riemen mit der Scheide über die Schulter, ergriff eine Lanze und stellte sich neben seinen Vater. Odysseus selbst aber ließ das Bettlergewand von seinen Schultern gleiten, legte einen neuen Pfeil auf und schoss dem Antinoos glatt durch den Hals, sodass er, noch mit der Weinschale in der Hand, röchelnd zu Boden stürzte.

»Das soll dir übel bekommen«, brüllten wütend die übrigen Freier, die aufgesprungen waren und aufgeregt durcheinanderliefen.

Doch Odysseus sprach ruhig und böse: »Ihr Hunde, ihr dachtet wohl, ich käme niemals zurück! Ihr habt mein Eigentum verzehrt und um meine Frau geworben, während ich noch lebte – dafür müsst ihr jetzt büßen!«

Da grauste den Freiern, und Eurymachos versuchte, den Helden zu besänftigen, indem er alle Schuld auf den toten Antinoos schob und Entschädigung anbot.

Odysseus aber ließ sich nicht beirren: Er wollte, er musste Gericht halten. Den Freiern schlotterten die Knie, während Eurymachos sie zum Kampf rief, da an ein friedliches Einverständnis nicht mehr zu denken war. Mit gezücktem Schwert drang er auf Odysseus ein, doch dessen tödlicher Pfeil traf ihn in die Brust.

Mit jedem weiteren Geschoss tötete Odysseus einen weiteren der Freier; dann aber gingen seine Pfeile zur Neige, und noch bevölkerten zahlreiche Feinde den Saal. Als Telemach dies sah, eilte er in das Obergeschoss, wo die Rüstungen bereitlagen, und gerade noch rechtzeitig kehrte er mit ehernen Helmen, Schilden und

Brustpanzern, mit Lanzen und Schwertern für sich selbst, für Odysseus und die beiden treuen Hirten zurück. Schnell rüsteten sich die vier. Indes achtete Telemach nicht darauf, den Aufgang zum Obergeschoss, in dem die Waffen lagerten, zu decken, und der Ziegenhirt Melantheus nutzte schlau die Gelegenheit, um hinaufzuschleichen. Mit zwölf Rüstungen auf einmal beladen kehrte er zurück, und sogleich rüsteten sich auch die Freier, die noch immer in der Übermacht waren. Noch einmal schickte sich der Ziegenhirt an hinaufzuschleichen; doch diesmal ergriffen ihn auf Geheiß des Odysseus die beiden anderen Hirten, fesselten ihn und hängten ihn an Händen und Füßen, den Rücken nach unten, an einem Dachbalken auf.

Indessen warfen die Freier ihre Speere gegen Odysseus und seinen Sohn, doch Athene selbst sorgte dafür, dass sie nicht trafen oder ihre Geschosse an den Schilden abprallten. Die Speere dagegen, die Odysseus und Telemach, Eumaios und der Rinderhirt Philoitios schleuderten, erreichten ihr Ziel. Und die Helden zögerten nicht, die blutigen Speere aus den Leichen der Gefallenen herauszureißen und erneut gegen die Gegner zu schleudern.

Bald flüchteten sich die übrig gebliebenen Freier in den hintersten Winkel der Halle, aber Odysseus und seine Mitstreiter kannten kein Erbarmen mit ihnen. Nur der Sänger Phemios entkam der Rache des Odysseus, als er um Gnade flehte: Er sei von den Freiern unter Androhung von Gewalt gezwungen worden, sie in der Halle zu unterhalten. Als Telemach die Wahrheit seiner Worte bestätigte, ließ Odysseus ihn gehen. Und dann war da noch der Herold Medon, der sich unter einem Rinderfell verborgen hatte; als er hörte, dass Odysseus dem Phemios Schonung gewährte, kroch er hervor – und auch er wurde auf Telemachs Fürsprache hin verschont.

Stolz wie ein Löwe, der in einer Rinderherde gewütet hat, schritt Odysseus durch den blutbesudelten Saal und fand keinen der Feinde mehr lebend.

Nun ließ er Eurykleia rufen, die treue Vorsteherin der Mägde. Sie jauchzte laut auf vor Entzücken, als sie die Feinde ihres Königs und ihrer Königin im Staub liegen sah. Doch Odysseus ermahnte sie: »Über erschlagene Männer zu jubeln, ist nicht recht und grausam. Das Gericht der Götter hat sie gefällt.«

Dann aber hieß er sie diejenigen unter den Mägden nennen, die schlecht über ihn geredet und ihr und der hohen Penelope ihre Verachtung gezeigt hätten. Diese

Frauen wurden auf den Hof geführt und dort schmählich gehängt. Als auch dies geschehen war, wurden die Toten hinausgetragen, und die Mägde säuberten die Halle und räucherten sie aus, damit kein Hauch von Tod und Verwesung zurückbliebe.

Schließlich gebot Odysseus der treuen Eurykleia, Penelope herbeizuholen, seine standhafte Frau.

PENELOPE ERKENNT ODYSSEUS

Behände wie ein junges Mädchen stieg die Alte da die Treppe hinauf und weckte die Königin, die die Götter während des grausamen Kampfes hatten einschlummern lassen. »Odysseus ist da, Odysseus, dein Mann«, rief Eurykleia.

»Die Götter haben deine Sinne verwirrt, Mütterchen«, entgegnete ihr traurig die Königin, »treib bitte keinen Spott mit mir! Nie wird mein Odysseus wiederkehren.«

»Doch, doch, er sitzt unten im Saal und erwartet dich, Telemach ist bei ihm, und er ist schon lange eingeweiht!«

Zögernd folgte Penelope nun der Alten in die Halle zu Odysseus. Aber sie erkannte ihn nicht sogleich, und so setzte sie sich ihm schweigend gegenüber ans Feuer und vermochte keinen klaren Gedanken zu fassen.

»Mutter«, rief Telemach sie an, »wie kannst du nur so störrisch sein, geh und setz dich zum Vater!«

Auch Odysseus, dem Athene jetzt seine alte strahlende Gestalt zurückgegeben hatte, wurde ungeduldig. Doch Penelope, deren Hoffnung schon so oft betrogen worden war, stellte Odysseus auf eine letzte Probe.

»Geh«, sprach sie zu Eurykleia, »lass das schöne Bett aus dem Schlafgemach holen, das Odysseus einst selbst gebaut hat. Dort vor der Kammer soll er gut gebettet ruhen.«

Wütend unterbrach sie Odysseus: »Das wird wohl schwer angehen, unser Ehebett aus dem Gemach zu holen! Ich selbst habe es einst aus dem Olivenbaum gezimmert, um den ich zuvor den Raum gebaut hatte. Nie wird es durch die Tür passen!«

Dies aber konnte nur Odysseus selbst wissen. Penelope hatte ihren listenreichen Gemahl mit ihrer List überrumpelt und war sich jetzt endgültig sicher, Odysseus

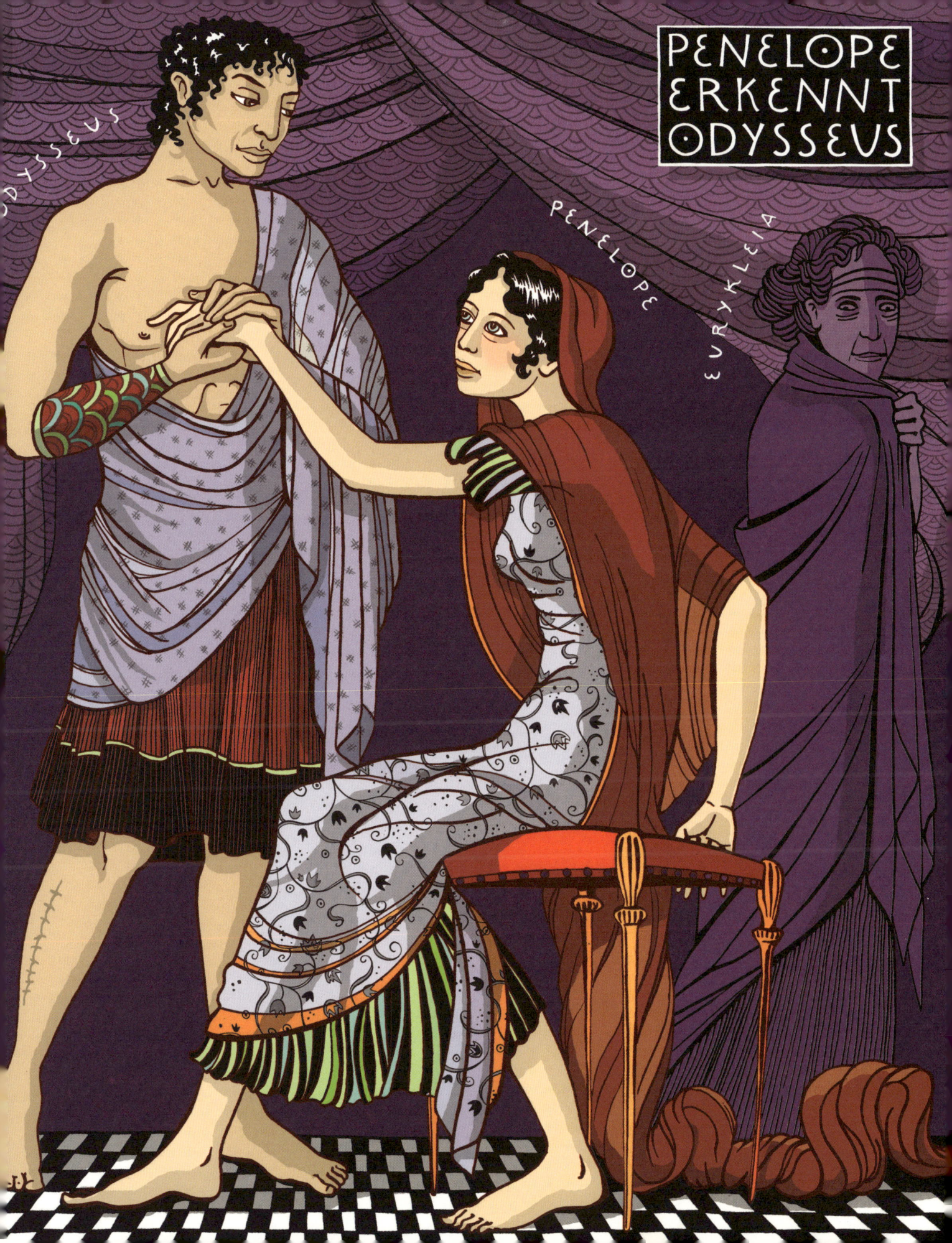

vor sich zu sehen. Sie sprang auf, umarmte herzlich ihren Mann, weinte vor Freude und bedeckte sein Gesicht mit Küssen. Odysseus weinte ebenso und hielt seine Penelope fest mit den Armen umschlungen.

In der Nacht erzählte Odysseus Penelope noch lange von dem, was ihm widerfahren war.

ODYSSEUS' LETZTER KAMPF

Am Morgen aber nahm Odysseus Abschied von Penelope, denn noch hatte er die Herrschaft über seine Insel nicht wiedererrungen, und er musste sein Werk vollenden. Als Erstes wollte er wissen, was aus Laërtes, seinem Vater, geworden war.

Mit Telemach und den beiden trefflichen Hirten begab er sich zu dem Hof, auf den sein Vater sich zurückgezogen hatte. Als sie dort angelangt waren, schickte Odysseus seine Begleiter zu den Knechten des Hauses in die Küche, damit sie dort ein Mahl bereiteten. Er selbst aber trat in den Obstgarten, wo der alte Laërtes, gekleidet wie ein einfacher Bauer, gerade die Erde lockerte. Odysseus beschloss, sich seinem Vater nicht gleich zu erkennen zu geben, sondern ihn erst zu prüfen. Er begrüßte ihn und gab sich als ein weit gereister Händler aus, den der Sohn des Laërtes vor Jahren nach Ithaka geschickt habe, wo ihm gewiss Gastfreundschaft gewährt würde.

»Ach«, sprach Laërtes da, »mein Sohn ist sicherlich unterdessen an einem fernen Strand verdorben; seine Mutter ist vor Gram über ihn gestorben, und seine treue Frau Penelope und ich weinen vergeblich um ihn.« Und während er so sprach, streute er trockene Erde über sein Haupt und weinte bittere Tränen.

Da konnte Odysseus nicht länger an sich halten. Er umarmte seinen Vater und stammelte unter Tränen: »Vater, ich bin's, Odysseus, dein Sohn, und ich habe die Freier Penelopes, die sich sträflich die Insel angeeignet hatten, getötet.«

Als Laërtes noch zweifelte, zeigte Odysseus ihm seine Narbe und deutete auf die Bäume, die der Vater einst für ihn gepflanzt hatte. Da wankten dem Alten die Knie, und weinend sank er in die Arme seines Sohnes. Laërtes dankte den Göttern, aber er warnte seinen Sohn vor den Ithakern und den Bewohnern der Nachbarinseln, die vielleicht schon unterwegs waren, die Freier Penelopes zu rächen.

Odysseus wusste um diese Gefahr, aber er beruhigte seinen Vater und führte ihn zu dem Mahl, das seine Begleiter bereitet hatten.

Unterdessen waren in der Stadt, auf dem Platz neben dem Palast des Odysseus, die Männer zusammengelaufen und hatten gesehen, wie die Toten aus dem Palast getragen wurden. Vor der Menge ergriff Eupeithes, ein Freund des toten Antinoos, das Wort:

»Bewohner Ithakas, Odysseus ist zurückgekehrt, der seltsame Held, der mit einer großen Flotte von Troja losgefahren und doch allein zurückgekehrt ist. Wollt ihr euer Schicksal diesem Unglücklichen anvertrauen oder lieber mir folgen und ihn von unserer Insel vertreiben, damit er nicht noch mehr Unheil anrichtet?«

Mächtige und kluge Männer sprachen gegen Eupeithes, aber sie konnten nicht verhindern, dass dieser mit einer stattlichen Zahl bewaffneter Männer loszog, um Odysseus zu stellen. Dieser weilte noch beim Mahle, als die Ankunft der Feinde gemeldet wurde. Da rüsteten sich Odysseus und Telemach, ihre treuen Hirten und die Knechte des Laërtes zum Kampfe, und auch Odysseus' alter Vater legte die Rüstung an. Odysseus mahnte seinen Sohn zur Tapferkeit, doch dieser gab trotzig zurück, dass er der Mahnung des Vaters nicht bedürfe. Laërtes aber freute sich an dem Mut seines Sohnes und an der Kühnheit seines Enkels.

Der Kampf begann damit, dass Laërtes Eupeithes, den Anführer der Gegner, mit einem Speerwurf niederstreckte; wie die Löwen fielen darauf Odysseus und Telemach in die feindlichen Reihen ein. Und sie hätten gewiss allen Gegnern den Garaus gemacht, wenn nicht Athene, die schützende Göttin, dazwischengegangen wäre.

Erschrocken von ihrem Ruf, ließen alle Krieger die Waffen fallen. Als sich seine Gegner aber zur Flucht wandten, setzte Odysseus an, sie zu verfolgen. Doch der Blitzstrahl des Zeus hinderte ihn daran, und in der Gestalt des weisen Mentor bedeutete Athene ihrem Liebling, dass es jetzt an der Zeit sei, Frieden zu schließen und auch die Feinde zu Freunden zu machen.

Und so geschah es. Athene selbst stiftete den neuen Bund zwischen Odysseus, dem König, und den Bewohnern Ithakas.

WOHER WIR VON DEN ALTEN SAGEN WISSEN

Es gibt kein längeres Schriftstück, das aus der klassischen Zeit Griechenlands oder gar einer noch älteren Zeit auf uns gekommen ist. Vielmehr sind die Schriften der alten Dichter immer wieder abgeschrieben worden, von Griechen und Römern, von arabischen Schriftgelehrten und christlichen Mönchen. Seit dem 16. Jahrhundert schließlich sind sie in gedruckten Büchern verbreitet worden.

Die einzigen Darstellungen der mythischen Geschichten, die unmittelbar aus dem klassischen Altertum stammen, sind Vasenbilder und Statuen, die Szenen aus dem Mythos wiedergeben; oft sind auf ihnen auch die Namen der Dargestellten vermerkt.

DIE ENTSTEHUNG DER WELT

Um 700 v. Chr., in einer Zeit, als die griechischen Städte schnell wuchsen, Handelsbeziehungen mit den Küstenstädten des Assyrischen Reichs in Vorderasien anknüpften und Kolonien an allen Küsten des Mittelmeers gründeten, fasste der Dichter Hesiod die alten griechischen und die für die Griechen neuen orientalischen Überlieferungen in seiner Schrift über die Herkunft der Götter (*Theogonie*) zusammen. Er konnte dabei auf die Göttergeschichten Homers zurückgreifen, die bereits ein halbes Jahrhundert früher entstanden waren, aber er unternahm es als Erster, die Überlieferungen zu vereinheitlichen. Viele Schriftsteller des griechischen und römischen Altertums haben weitere Einzelheiten zu den Geschichten Hesiods hinzugefügt, aber immer die von ihm vorgegebene Ordnung geachtet.

DIE GÖTTER DES OLYMP

Über die Rangfolge der Götter des Olymp erfahren wir zuerst bei Hesiod, doch viele Geschichten über die Götter stehen bereits bei Homer. Spätere Dichter haben manches aus anderen Überlieferungen hinzugefügt, doch stets gehen sie von Homers und Hesiods Schilderungen aus.

PROMETHEUS UND DIE ERSTEN MENSCHEN

Die ältesten Nachrichten über Prometheus haben wir ebenfalls von Hesiod. Im 5. Jahrhundert v. Chr. hat der große Dramatiker Aischylos die Geschichte zur Tragödie vom *Gefesselten Prometheus* verdichtet. Die Geschichte von der Abfolge der Zeitalter finden wir zuerst in Hesiods Buch *Werke und Tage*. Sie ist von antiken Schriftstellern oft genutzt worden, um darüber zu klagen, dass die Welt immer schlechter werde. Am berühmtesten ist die Schilderung der Weltalter in den *Metamorphosen* des Ovid geworden, eines lateinischen Dichters des 1. Jahrhunderts n. Chr., der auch vielen anderen Mythen ihre heute bekannteste Gestalt gegeben hat.

PERSEUS

Die Sage von Perseus war, wie wir aus ältesten Quellen wissen, schon zu Zeiten Homers in ganz Griechenland bekannt. Der große Tragödiendichter Aischylos hat über Perseus einen Dramenzyklus verfasst, der aber verlorengegangen ist. Auf uns gekommen sind die Schriften des Apollodor, eines in Alexandria und Athen tätigen Gelehrten des 2. Jahrhunderts v. Chr., an dem sich auch römische Dichter wie Ovid orientiert haben.

HERAKLES

Die Geschichten um Herakles waren im klassischen Griechenland allgemein bekannt; die Tragödien, die die großen attischen Tragödiendichter Sophokles und Euripides zu Episoden seines Lebens geschrieben haben, setzen diese Bekanntheit jedenfalls voraus. Die ausführliche Darstellung aller Abenteuer des Herakles verdanken wir aber wiederum Apollodor, der sie im 2. Jahrhundert v. Chr. beschrieben hat. Weitere Einzelheiten kennen wir aus dem Werk des griechisch-römischen Autors Diodorus Siculus, der am Ende des 1. Jahrhunderts v. Chr. eine umfangreiche Weltgeschichte verfasst hat.

DIE ARGONAUTEN

Die wichtigste Quelle zur Argonautensage sind die *Argonautika* des gelehrten Schriftstellers Appolonios Rhodios, der im 3. Jahrhundert v. Chr. in Alexandria gearbeitet hat. Von den Argonauten ist allerdings schon lange zuvor bei Pindar, einem großen griechischen Dichter des 6. Jahrhunderts v. Chr., die Rede, und Euripides, einer der großen tragischen Dichter des 5. Jahrhunderts, schrieb eine Medea-Tragödie, die bis heute oft gespielt wird.

THESEUS

Die Geschichten um Theseus werden in den Tragödien des Sophokles und Euripides aus dem 5. Jahrhundert als bekannt vorausgesetzt. Weitere Nachrichten haben wir von Apollodor, dem großen Gelehrten des 2. Jahrhunderts v. Chr., und von Plutarch, einem griechisch-römischen Literaturkenner des 1. Jahrhunderts n. Chr.

DIE SAGEN UM DIE STADT THEBEN

Die Sage von den Sieben gegen Theben ist am getreuesten von Apollodor im 2. Jahrhundert v. Chr. aufgeschrieben worden. Schon lange zuvor, im 5. Jahrhundert v. Chr., hatte der Tragödiendichter Aischylos das Drama *Die Sieben gegen Theben* geschrieben, und etwas später hatte Sophokles das bis heute viel gespielte Drama *Antigone* sowie die Tragödie *Ödipus in Kolonos* verfasst.

DER KAMPF UM TROJA

Der Kampf um Troja ist das Thema der *Ilias* des sagenhaften Dichters Homer. Dieses Epos ist in der bis heute überlieferten Form um 750 v. Chr. entstanden. Der Stoff der Sagen geht aber wohl in die Zeit um 1200 v. Chr. zurück, in der die kriegerischen Unruhen der damaligen Völkerwanderungszeit tatsächlich den Untergang einer historischen Siedlung in Troja herbeigeführt haben dürften.

Die Sage vom Kampf um Troja blieb in der gesamten griechisch-römischen Antike ein unumgängliches Element der Bildung.

DIE HEIMKEHR DES ODYSSEUS

Wie die *Ilias* wurde auch die *Odyssee* dem Dichter Homer zugeschrieben. Heute sind die Gelehrten sich aber weitgehend darüber einig, dass die *Odyssee* einen anderen Autor haben muss als die *Ilias* und dass ihre Ursprünge jünger sind. Der Stoff der *Odyssee* weist auf die Zeit zurück, in der die Griechen begannen, die Ufer des Mittelmeers und des Schwarzen Meers zu erkunden und dort ihre Kolonien zu gründen, also etwa das späte 9. Jahrhundert v. Chr. Wie die *Ilias*, war auch die *Odyssee* ein Schulstoff bei Griechen und Römern, den jeder Gebildete kennen musste.

DIE NAMEN DER GÖTTER UND HELDEN

Als die Römer die griechischen Götter- und Heldensagen übernahmen, setzten sie an die Stelle der griechischen Götternamen die ihrer eigenen Götter und glichen die Namen der Helden ihrer lateinischen Sprache an. Und als die deutschen Schriftsteller in der Neuzeit wieder Interesse an den alten Sagen fanden, gingen sie zunächst von den lateinischen Götter- und Heldennamen aus, bevor sie im 19. Jahrhundert auch die griechischen Worte wiederentdeckten, und sie glichen manche Namen der deutschen Sprech- und Schreibweise an.

In diesem Buch sind die Götter- und Heldennamen so wiedergegeben, wie sie heute gängig sind: in ihrer griechischen oder in ihrer – meist nach dem lateinischen Vorbild – eingedeutschten Form. Die folgende Aufstellung zeigt die Namen der wichtigsten mythischen Gestalten in alphabetischer Reihenfolge, so wie sie auf Griechisch, auf Lateinisch und auf Deutsch lauten.

GRIECHISCH	LATEINISCH	DEUTSCH
Achilleus	Achilles	Achill
Aigisthos	Aegisthus	Ägisth
Aineias	Aeneas	Äneas
Aphrodite	Venus	Aphrodite / Venus
Apollon	Apollo	Apoll
Ares	Mars	Ares / Mars
Argonautes	Argonautae	Argonauten
Artemis	Diana	Artemis / Diana
Asklepios	Aesculapius	Äskulap
Athene / Athena	Minerva	Athene
Charites	Graciae / Charites	Grazien / Chariten
Chimaira	Chimaera	Chimäre
Daidalos	Daedalus	Dädalus
Demeter	Ceres	Ceres, Demeter
Dionysos / Bakchos	Bacchus	Dionysos / Bakchus
Dioskuroi	Dioscuri	Dioskuren
Eos	Aurora	Eos / Aurora
Erinnyes / Eumenides	Furiae	Furien / Erinnyen / Eumeniden

Eros	Amor / Cupido	Eros / Amor / Cupido
Gaia / Ge	Tellus / Gaia	Gaia
Hades	Pluto	Hades / Pluto
Hekabe	Hecuba	Hekabe / Hekuba
Helios	Sol	Helios / Sol
Hephaistos	Vulcanus	Hephaistos / Vulkanus
Hera	Juno	Hera / Juno
Herakles	Hercules	Herakles / Herkules
Hermes	Mercurius	Hermes / Merkur
Iason	Iaso	Jason
Ikaros	Icarus	Ikarus
Iphigeneia	Iphigenia	Iphigenie
Kastor	Castor	Kastor
Kentauroi	Centauri	Zentauren
Kerberos	Cerberus	Zerberus
Kirke	Circe	Circe
Klytaim(n)estra	Clytemnaestra	Klytämnestra
Kronos	Saturnus	Kronos / Saturn
Kybele	Cybele	Kybele
Kyklopes	Cyclopes	Zyklopen
Leto	Latona	Leto / Latona
Medeia	Medea	Medea
Moirai	Parcae	Moiren / Parzen
Musai	Musae	Musen
Odysseus	Ulisses / Ulixes	Odysseus / Ulyss
Oidipus	Oedipus	Ödipus
Okeanos	Oceanus	Okeanos / Ozean
Orestes	Orestes	Orest
Pegasos	Pegasus	Pegasus
Persephone	Proserpina	Persephone / Proserpina
Phaidra	Phaedra	Phädra
Polydeikes	Pollux	Pollux / Polydeikes
Poseidon	Neptun	Poseidon / Neptun
Satyros	Satyrus / Faunus	Satyr / Faun
Seilenos	Silenus	Silen
Semele	Luna	Semele / Luna
Tartaros	Tartarus / Orcus	Tartarus / Orkus
Telemachos	Telemachus	Telemach
Zeus	Iupiter / Iovis	Zeus / Jupiter

NAMENS- UND ORTSREGISTER

Namen sind gerade gesetzt,
Orte *kursiv*.

Acheloos 67
Achill 74, 118, 121–135, 138, 140, 163
Admetos 58, 59
Adria 84
Adonis 10, 24, 149
Adrastos 111, 112
Afrika 10, 36, 60, 139
Agamemnon 120, 121, 124–131, 135, 139, 141–143, 145, 147, 163
Ägäisches Meer 25, 96
Agenor 102, 103
Ägeus 85–88, 90–92, 95–98, 101
Ägisth 141–143, 147
Ägypten 40, 141, 149, 168
Aia 72, 81, 83, 84
Aiaia 160, 163
Aiëtes 72, 80, 81, 82–84
Aischylos 184, 185
Aison 71
Aithra 87, 88, 91, 100
Ajax 125, 129, 130, 134, 135
Akamas 97
Akrisios 34, 35, 42, 43
Akropolis 90, 96, 98
Aktäon 25
Alexandria 12, 184, 185
Alkaios 47, 48
Alkestis 58, 59
Alkinoos 151, 153–155, 166
Alkmene 45–48
Alpheios 57
Amazonen 59, 60, 97, 132, 133
Amphiarios 111, 112

Amphitryon 45–48, 50, 51
Amykos 78
Anchises 24, 139
Andromache 128, 129, 138–140
Andromeda 40–43
Äneas 24, 128, 139, 140
Antaios 60, 61
Antigone 10, 108, 110, 111, 114–116, 185
Antinoos 171, 172, 174–176, 181
Äolia 158
Äolier 160
Aphrodite 9–11, 22, 24, 27, 75, 82, 98, 104, 112, 118, 120, 121, 126, 128, 131, 139, 140, 149
Apoll 17, 25–27, 39, 65, 105, 108, 126, 130, 132, 133, 136, 138, 140, 142–144, 175
Apollodor 184, 185
Appolonios Rhodios 185
Ares 22, 24, 27, 59, 72, 81, 83, 104, 128, 131
Arete 153, 154, 166
Argeia 111
Argonauten 11, 56, 70, 72–80, 82–84, 90, 97, 185
Argos 72, 74, 80, 82, 171
Argos 34, 35, 42, 43, 111, 112, 140
Ariadne 9, 28, 92, 94–97
Arkadien 54, 57
Artemis 25–27, 53, 124, 144, 145, 152
Askanios 139, 140
Asklepios 67
Assyrien 183

Astyanax 129, 138
Athamas 71
Athen 11, 85–92, 94, 96–98, 100, 101, 110, 143, 145, 184
Athene 17, 24, 27, 28, 30, 32, 36, 39, 42, 50, 57, 63, 74, 79, 81, 82, 104, 118, 120, 128, 134–136, 140, 143, 144, 147, 148, 150–153, 166–170, 177, 178, 181
Äthiopien 40
Atlas 36, 40, 62
Atlasgebirge 40
Ätna 22
Ätolien 54
Atreus 141
Atriden 141, 144
Attika 92, 97, 99
Auge 66
Augias 56, 57, 66
Augustus 140
Aulis 124, 142, 144
Bellerophon 18, 39
Böotien 102, 103
Boreas 74
Bosporus 78, 79, 84
Briseïs 126, 131, 134
Cäsar 140
Charon 20, 63
Charybdis 164
Cheiron 71, 122
Chimaira 18, 38, 39
Chryses 126
Chryseïs 126
Circe 158–164
Dädalus 92, 94, 95
Danaë 34–36, 42, 43
Daphne 26
Dardania 139
Deianeira 67–69

Deiphobos 139
Delos 25
Delphi 51, 63, 87, 105–110, 140, 142–144
Demeter 11, 17, 20–22, 27
Demodokos 154, 155
Demophon 97
Deukalion 30–32, 97
Deutschland 10, 12
Diktys 35, 42
Diodorus Siculus 184
Diomedes 58, 59, 128, 135, 140
Dionysos 28, 96
Donau 84
Echidna 18
Eleusis 89, 90
Eileuthyia 22, 46, 47
Elektra 142, 143, 145
Elektryon 45, 47
Elis 56, 66
Eos 149
Epeios 135
Ephialtes 65
Epimetheus 30
Erinnyen 110, 143, 144
Eris 118
Eros 15, 24, 82
Erymanthos 54
Eteokles 108, 110–112, 114
Eumaios 168–171, 174–177
Eumeniden 110
Eupeithes 181
Eurydike 20, 74, 75
Euripides 184, 185
Europa 11, 57, 102, 103
Euryalos 153, 154
Eurykleia 148, 173, 174, 177, 178
Eurykles 175
Eurylochos 160, 161, 165

Eurymachos 174, 176
Eurystheus 47, 51–54, 56–64, 66
Eurytos 64, 68
Evans, Arthur 11
Fichtenbeuger 89
Frankreich 61
Gaia 15–17, 26, 60, 62
Geryones 60, 61
Gibraltar 61
Giganten 65, 66
Glauke 85
Gorgonen 36, 38
Graien 36
Hades 17, 20, 22, 63, 75, 100, 162, 163
Hades 63
Haimon 115, 116
Harmonia 104, 112
Harpyien 78, 79
Hebe 22
Hekabe 118, 125, 129, 136, 139
Hektor 125, 127–132, 135, 138
Helena 67, 74, 100, 101, 120, 121, 127, 129, 139–141, 148, 149, 169
Helenos 140
Hellespont 72, 76
Helios 17, 61, 82, 147, 162, 164, 165
Helle 72, 76
Hephaistos 22, 24, 27, 30, 38, 57, 88, 104, 131
Hera 17, 21, 22, 24, 25, 27, 28, 46–48, 51, 52, 60, 62, 64, 65, 81, 82, 103, 118, 120
Herakles 11, 17, 18, 32, 34, 38, 44, 45, 48, 50–54, 56–69, 74, 76–78, 80,

88, 91, 92, 97, 100, 101, 121, 184
Hermes 26–28, 38, 63, 103, 118, 132, 149, 161
Hermione 140
Hesiod 12, 183, 184
Hesione 65
Hesperiden 62
Hestia 21, 22, 27
Hippodameia 99, 100
Hippokoon 66, 67
Hippolyte 59, 60, 97
Hippolytos 97–99
Homer 10, 12, 117, 183–186
Hydra 18, 38, 52–54, 69
Hylas 56, 77
Hyllos 69
Hyperion 15
Ida 135, 139
Ikaria 95
Ikarus 95
Ilion 117
Iobates 39
Iokaste 105–109
Iolaos 53
Iole 64, 68
Iolkos 71, 82, 84, 85
Iphigenie 124, 142, 144, 145
Iphikles 47, 48, 53
Iphitos 64, 66
Iris 79
Ismene 108, 114
Isthmos 21
Italien 139, 140
Ithaka 121, 147–149, 155, 160, 162, 166–170, 175, 180, 181
Jason 56, 70–74, 76, 77, 80–85, 90
Kadmos 81, 102–105, 112, 116
Kalaïs 74, 77, 78

Kalchas 124, 126, 135
Kallisto 26
Kalypso 147, 149, 150, 153, 166
Karthago 139
Kassandra 136, 138, 139, 142
Kassiopeia 40, 42, 43
Kastor 67, 74, 100
Kaukasus 32, *81, 82*
Kepheus 40–43, 66, 67
Kerberos 62
Kerkyon 89, 90
Kikonen 155
Kithairon 105, *109*
Kleinasien 38, *80, 124*
Klytämnestra 67, 124, 142, 143, 147
Knossos 11
Kolchis 56, *71, 72, 79–81, 84, 85, 90*
Kolonos 110, *185*
Korinth 21, *84, 85, 89, 105, 109*
Kreon 45, 46, 50, 51, 85, 106, 108, 110–112, 114–116
Kreta 11, *57, 58, 91, 92, 94, 96, 97, 103, 168*
Kronos 15, 16, 22, 24, 31
Kyzikos 76, 77
Laërtes 148, 155, 163, 180, 181
Laios 105–109
Laodamas 153, 154
Laokoon 136
Laomedon 65
Lapithen 99, 100
Laren 139
Larisa 42
Lästrygonen 160
Latinus 139
Latium 139

Leda 67, 120
Leiodes 174
Lemnos 75
Lerna 52
Lethe 100
Leto 25
Leukothea 151
Libyen 60, *62, 168*
Lotusesser 155
Lydien 65
Lykien 38, *39*
Lynkeus 74
Maia 26
Marathon 91, *92*
Marmarameer 76
Marsyas 26
Massalia/Marseille 61
Medea 10, 82–85, 90, 91, 185
Medon 177
Medos 85, 90
Medusa 34, 36, 38, 40, 41, 63
Megara 51, 64
Melantheus 171, 177
Menelaos 100, 120, 121, 125, 127, 128, 135, 139–141, 148, 149, 169
Mentor 148, 149, 181
Merope 105, 109
Metis 24
Minos 28, 57, 58, 92, 94–97, 103
Minotauros 58, 86, 91, 92, 94–96, 101, 103
Musen 10, 26, 39
Mykene 11, *43, 45, 47, 120, 121, 124, 141–143, 145*
Myrmidonen 121, 126, 130
Nausikaa 151–154
Naxos 28, *95, 96*
Neleus 66

Neoptolemos 135, 138–140
Nereiden 21, 40
Nereus 21, 40
Nessos 54, 68, 69
Nestor 66, 121, 127, 129, 134, 148, 149
Niobe 25
Nymphen 21, 25, 28, 36, 56, 62, 77, 152, 161, 166
Ödipus 18, 105–110, 111, 114, 116, 185
Odysseus 11, 12, 121–124, 130, 133–136, 139, 145–164, 166–181, 186
Ogygia 149
Oineus 67, 68
Oionos 66
Okeanos 15
Olymp 17, *19, 20, 22, 25, 27, 32, 39, 44, 46, 59, 60, 65, 81, 126, 184*
Omphale 64–66
Orchomenos 50, *51*
Orest 142–145, 147
Orion 149
Orpheus 20, 74, 75, 80
Ovid 184
Pallas 98
Pandora 30
Paris 118, 120, 121, 125, 127, 129, 131, 133–135, 139
Parnass 31, *39*
Pasiphaë 57, 92
Patroklos 129–132
Pegasus 18, 38, 39
Peirithoos 63, 99–101
Peleus 74, 118, 121, 122, 130, 131
Pelias 71, 72, 82, 84
Pelopeia 141
Peloponnes 21

191

Pelops 141
Peneios 57
Penelope 121, 147, 148, 150, 163, 168–170, 172–175, 177, 178, 180
Penthesilea 132, 133
Perigune 89
Periphetes 88
Persephone 20, 63, 75, 100, 162
Perses 41–43
Perseus 34–38, 40–43, 45, 47, 63, 101, 184
Phäaken 150–154, 157, 158, 163, 166
Phädra 97–99
Phemios 177
Philoitios 177
Phineus 41, 78, 79
Pholos 54
Phrixos 71, 72, 80–83
Phrygien 28
Pindar 185
Pittheus 87, 88, 98
Pleiaden 26
Plutarch 185
Polybos 105, 109
Polydektes 35, 36, 42
Polydeikes 67, 74, 78, 100
Polyneikes 108, 110–112, 114, 115
Polyphem 147, 158
Poseidon 11, 17, 21, 22, 27, 38, 39, 43, 54, 57, 85, 87, 88, 95, 99, 131, 147, 150, 156, 158, 162, 166
Priamos 65, 118, 125, 131, 132, 136, 138
Prokrustes 90
Prometheus 29–32, 82, 184
Pylades 142–145
Pylos 66, 121, 148

Pyrrha 30–32
Pythia 51
Rhea 15, 16, 28
Rom 24, 139, 140
Romulus 139
Salamis 125
Salmydessos 78, 79
Saronischer Golf 87
Satyrn 26
Schliemann, Heinrich 11
Schwab, Gustav 12
Schwarzes Meer 59, 70, 79, 186
Semele 28
Seriphos 35, 42
Sinon 136, 138
Sirenen 164
Sisyphos 163
Sizilien 22, 95, 162
Skamander 125, 131, 136
Skeiron 89
Skylla 164
Skyros 101
Sophokles 184, 185
Spanien 10, 60, 61
Sparta 66, 67, 100, 101, 120, 121, 141, 148, 149, 168, 169, 171
Sphinx 18, 106, 108
Sthenelos 47
Stymphalos 57
Styx 20, 63, 122, 150
Symplegaden 79
Syrien 10
Tantalos 25, 141, 163
Tartaros 15, 17, 18
Tartaros 15, 17, 18
Tauris 124, 144, 145
Tegea 66
Teiresias 46, 108, 115, 162, 165
Telemach 147–149, 163, 168, 169, 170–174, 176–178, 180, 181

Telephos 66
Theben 45, 46, 50–52, 81, 85, 102–112, 114, 115, 185
Thersites 133
Theseus 9, 11, 28, 58, 59, 63, 74, 85–92, 94–101, 103, 110, 111, 185
Thespios 50, 51
Thesproten 168
Thessalien 56, 71, 74, 84, 99
Thetis 74, 118, 122, 126, 128, 131, 134, 140
Thoas 144, 145
Thrakien 58, 59
Thyestes 141
Tiphys 74, 78
Titanen 15–17, 24, 28, 30–32
Tiryns 11, 43, 47, 51–54, 58, 61, 63, 64, 66
Troas 125, 127
Troizen 87, 98
Troja 11, 65–67, 74, 117, 118, 121–125, 127, 128, 130, 131, 133, 135, 136, 138–143, 145, 147, 149, 154–156, 163, 166, 168, 181, 185
Tyndareos 67, 120
Typhon 17, 18
Tyros 102
Uranos 15–17, 22
Zentauren 54, 68, 69, 99, 100
Zerberus 18, 20, 38, 100
Zetes 74, 77, 78
Zeus 10, 11, 16–22, 24–28, 30–32, 34, 35, 40, 44–48, 52, 57, 61, 62, 65, 67–69, 78, 79, 85, 95, 103, 118, 120, 126, 128, 147, 149, 165, 170, 181
Zyklopen 16, 155–158, 158
Zypern 22